sobinfluenciaedições

PAX

MULHERES E
REORGANIZAÇÃO
GLOBAL DA VIOLÊNCIA

NEO LIBERALIA

JULES FALQUET

9	introdução
29	capítulo I
	"Guerra de baixa intensidade contra as mulheres?" A violência doméstica como tortura: reflexões a partir de El Salvador
69	capítulo II
	Além das lágrimas dos homens: a instituição do serviço militar na Turquia
97	capítulo III
	Os feminicídios de Ciudad Juárez e a recomposição neoliberal da violência
131	capítulo IV
	Lutas (de)coloniais ao redor do "território-corpo": da guerra ao extrativismo neoliberal na Guatemala

Este livro é dedicado especialmente a Andrée Michel, feminista da primeira hora, incansável ativista anticolonial e antimilitarista, uma das primeiras na França (terceiro vendedor mundial de armas) em ter analisado metodicamente as responsabilidades do complexo militar-industrial nas violências contra das mulheres, no Norte como no Sul a Marisela Escobedo Ortíz, assassinada em 16 de dezembro 2010 com uma bala na cabeça em plena luz do dia, frente ao palácio do governo da cidade de Chihuahua (México), o qual ela estava « sitiando » para exigir justiça para Ruby Frayre, sua filha de dezesseis anos assassinada pelo « namorado » (Marisela primeiro tinha localizado o assassino, o que tinha permitido que fosse preso, mas mesmo que tinha reconhecido seu ato, tinha sido solto pela justiça por falta de provas) e a Berta Cáceres, ativista Lenca das Honduras, cofundadora em 1992 do Conselho cidadão das organizações indígenas das Honduras (COPINH), que estava lutando desde 2006 contra de um projeto de barragem hidroeléctrica sob o rio Gualcarque (inicialmente co-financiado pelo Banco mundial, China, Países baixos e Finlândia), e ativa na resistência contra o golpe de Estado de 2009, assassinada em sua casa na madrugada de 3 de março de 2016.

introdução

Pensado em perspectiva transnacional e, fundamentalmente, a partir do Sul Global, este livro prolonga meu trabalho sobre a globalização neoliberal (Falquet, 2008). Inicialmente, abordarei a fachada "risonha" do neoliberalismo global, sua face de criação de consenso. Trabalhando principalmente sobre o novo papel das instituições internacionais, tinha analisado as estratégias que visavam a fazer participar e a fazer trabalhar as mulheres, ao mesmo tempo que a capturar e domesticar a força propositiva crítica de seus movimentos. Trata-se agora de examinar a face coercitiva da globalização, partindo da violência contra as mulheres.

Este ensaio propõe uma dupla e simultânea reflexão: uma sobre *o que se encontra em jogo, materialmente, nas diferentes formas de violência contra as mulheres* (insistindo em como essas violências se imbricam com as lógicas de classe e de raça) e simultaneamente, outra acerca da *reorganização neoliberal da coerção*, dentro da qual desejo mostrar que a violência contra as mulheres desempenha um papel central.

O tema da "violência" é complexo e multiforme: quer se trate da violência contra as mulheres, da violência racista, da luta de classes, da repressão estatal, da guerra internacional, dos conflitos internos; enfim, as possíveis abordagens ao tópico são numerosas e os trabalhos incontáveis. As diferentes perspectivas disciplinares, no entanto, nem sempre dialogam e os trabalhos raramente são entretecidos. As ativistas e as teóricas feministas foram as primeiras a demonstrar a importância de realizar uma análise transversal da violência – física, sexual, emocional, econômica, ideológica – colocando em evidência seu caráter de *continuum*. Também destacaram o peso de sua dimensão *material* assim como sua utilização eminentemente *instrumental*; dito de outro modo, sua importância social, política e econômica.

Trabalhando principalmente sobre a globalização neoliberal e os movimentos sociais que a ela resistem – sem ser propriamente especialista em qualquer um dos ramos específicos do estudo da violência – fui constantemente confrontada com ela: pessoal, profissional e politicamente. Pessoalmente, obviamente, como mulher – o que faz impossível de não deparar-se com ela ao longo da vida. Profissionalmente, me interesso especialmente por países que atravessaram longas guerras e/ou vivem uma violência particularmente brutal (El Salvador, México, Guatemala). Politicamente, enfim, como feminista que tem participado da denúncia de certos "casos" em países reputadamente "seguros" e em paz (o caso Strauss-Kahn, a noite do 31 de dezembro de 2015 em Colônia)[1]; e como cidadã de um país que se encontra entre os principais produtores e exportadores de armamentos e doutrinas militares do mundo.

É a partir desta experiência material e multi-situada que proponho abordar o *contínuo* da violência, considerando contextos geopolíticos e objetos variados. Isso significa não somente a violência doméstica e as violências contra as mulheres, mas a instituição do serviço militar e as violências de guerra e pós-guerra, ou, ainda, a multiplicação contemporânea de atores e lógicas de violência para-estatais ou não estatais e seus laços com a coerção organizada pelo Estado. Estes pontos de entrada,

1 Ver Falquet, 2012 e 2016.

a primeira vista inusuais, díspares, permitirão entrever as ligações entre *violências de guerra* e *violências de paz*, assim como sublinhar certas continuidades históricas profundas entre diferentes períodos e regimes de exploração do trabalho, dos corpos e dos recursos.

Os textos que apresento são heterogêneos: o primeiro data de quase vinte e cinco anos atrás, enquanto os outros, bem mais recentes, estão inseridos na atualidade mais candente. Todos foram escritos paralelamente ao meu trabalho principal, como reflexões imprevistas que se impuseram a mim como relevantes e, inclusive, necessárias. Me levaram a revisitar temas que conhecia apenas pela experiência pessoal e não de forma sistemática, o que me obrigou a realizar extensas pesquisas complementares.

O primeiro capítulo do livro tem por base uma parte "censurada" da minha tese de doutorado – que insistia em vir à luz apesar de tudo – como se verá adiante. O trabalho que se refere ao serviço militar na Turquia surgiu logo depois de ter convidado a socióloga turca exilada Pınar Selek, ao nosso seminário do CEDREF[2]. Logo depois, ela me deu a honra de prefaciar a tradução francesa de seu livro, *Devenir homme en rampant*[3]. O capítulo sobre os feminicídios, por sua vez, de algum modo se "autonomizou" a partir de um projeto de livro sobre os efeitos deletérios do neoliberalismo no México – outrora "melhor aluno" do FMI e signatário do Tratado de Livre Comércio com os EUA e o Canadá, para logo se afogar em uma guerra interna que no 2016 já tinha causado mais de 120.000 mortes e 25.000 de-

---

2 Entre 2009 e 2012, o centro de que faço parte na Universidade Paris Diderot, o CEDREF (Centro de Ensino, Documentação e Pesquisa para os Estudos Feministas), focou seu seminário em questões de violência, guerra, nacionalismo e neoliberalismo.
3 Tornar-se um homem, se arrastando no chão (em tradução livre). Sem tradução para o português (Nota do Editor).

sapareciment os. Enfim, o capítulo sobre a Guatemala se desenvolveu a partir de uma reflexão transversal, ocorrida no meio de um programa de pesquisa coletiva sobre a "globalização do gênero". Programa no qual abordei, por um caminho transverso, uma luta em realidade muito local, cujas apostas iam além da questão do gênero.

Estas pesquisas, de algum modo "gazetas", me permitiram uma maior liberdade de tom e de análise, produzindo textos dificilmente classificáveis – ainda que complementares – publicados em suportes um pouco inusitados e bastante variados.

O primeiro texto foi inicialmente publicado em uma revista científica (feminista); o segundo, como prefácio de um livro sobre a Turquia; o terceiro apareceu em uma revista exclusivamente digital; e o último deles figura em um livro coletivo[4].

Por isso, me pareceu útil reunir esses fragmentos de análise, revisitando-os e dando-lhes forma, na esperança de produzir, enfim, um quadro geral desta violência complexa, multiforme e sufocante que, desde muito, me acompanha e toma um lugar cada vez mais central na vida cotidiana de tantas pessoas. Nesta introdução, tentarei retraçar o caminho que me conduziu a estas análises e indicar a ligação – que mesmo sendo óbvia, é

[4] Dois dos textos foram rapidamente traduzidos e publicados em espanhol: aquele sobre a guerra de baixa intensidade contra as mulheres foi publicado em 2002 numa revista polonesa de estudos latino-americanos ("La violencia doméstica como forma de tortura, reflexiones basadas en la violencia como sistema en El Salvador", Varsóvia, *Revista del CESLA*, n. 3, p. 149-172). O texto sobre feminicídios teve uma tradução pirata repleta de erros em um site militante e, mais tarde, uma tradução que revisei foi disponibilizada online em um site feminista chileno, antes que aparecesse uma versão retrabalhada em 2016, em um livro publicado no México: "Recomposición neoliberal de la violencia contra las mujeres: reflexiones a partir de los asesinatos en Ciudad Juárez", In. Fernández Chagoya, Melissa (org). *Miradas multidisciplinarias en torno a la masculinidad: algunos desafíos para la impartición de justicia*. México: Editorial Fontamara.

porém difícil de descrever com simplicidade – que associa entre si todas essas violências.

ACERCA DA GUERRA DE BAIXA INTENSIDADE CONTRA AS MULHERES

O primeiro capítulo, "'*Guerra de baixa intensidade*' *contra as mulheres?*", surgiu de minha tese de doutorado, defendida em 1997. Em efeito, tinha sido absorvida pelo tema da violência contra as mulheres na primavera de 1993, em El Salvador, ao ser encarregada de redigir para *Mujeres 94*[5] a primeira parte da Plataforma de Mulheres, primeira parte que tratava da violência. Razão pela qual, depois de um capítulo sobre a construção social dos sexos em El Salvador e de outro sobre a maternidade e o mercado de trabalho, pretendia que minha tese contasse com um capítulo de reflexão acerca da violência enquanto um sistema. Esta vez, meu orientador – geralmente alegre – me recebeu com ar preocupado, deixando entender que eu deveria remover ou revisar completamente este capítulo da tese. O que, com muita relutância, acabei por fazer – antes de retomá-la para publicação, agora na forma de artigo, na única revista que acreditava poder aceitar publicá-lo naquela época: *Nouvelles Questions Féministes*.

Este primeiro texto compara sistematicamente a tortura considerada política e a violência doméstica, tanto no que concerne a suas condições concretas de exercício quanto a seus efeitos psicodinâmicos individuais e sociais. No que concerna à tortura, me apoiei sobre os trabalhos de duas psicólogas, uma argentina e outra chilena, especialistas na atenção as pessoas sobreviven-

---

5 Agrupamento do conjunto das associações do movimento de mulheres e feministas, o qual tinha como objetivo elaborar uma plataforma reivindicativa de mulheres para as eleições presidenciais que iriam acontecer em 1994.

tes de tortura; também busquei apoio em diferentes trabalhos de psicologia social da guerra reunidos pelo sociólogo hispano--salvadorenho Ignacio Martín Baró (1983; 1990). A descoberta, no seu trabalho, das táticas e da doutrina da *guerra de baixa intensidade*, me atingiu como um raio. Mais ainda, ao descobrir que a prática sistemática da tortura com a finalidade de incutir terror foi inventada primeiro... por militares franceses, sob a égide da OAS[6]. Era preciso encarar de frente essa pesada herança (mesmo que agora essa doutrina tenha se internacionalizado), e fazer algo a respeito. Foi assim que o conceito de *guerra de baixa intensidade* tornou-se o *fil rouge* do conjunto da presente obra.

Em "'*Guerra de baixa intensidade*' contra as mulheres?", expus pela primeira vez a finais dos anos 90, a ideia de que a violência doméstica é, por vezes, tão forte que pode ser considerada de mesma gravidade que a tortura política (ideia esta que é relativamente conhecida e fácil de provar). Sobretudo, esclareci que essa violência pode ser lida como uma prática estrutural – de certa maneira sistemática – que visa a polarização de uma totalidade social, dividindo-a em duas partes inimigas, mutuamente excludentes e assimétricas (aqui, de acordo com o sexo), de modo a produzir a desmoralização e a desorganização durável do grupo alvejado pela violência. Além disso, mostro neste capítulo que, em tempos de paz, existem contra certos grupos sociais (neste caso, as mulheres), uma verdadeira guerra, mesmo que não seja reconhecida como tal.

Esse foi um artigo difícil de escrever, não somente pela dureza dos testemunhos, mas pela dificuldade em vislumbrar todas

---

6 O.A.S. *Organisation Armée Secrète*, foi uma organização paramilitar francesa de extrema direita atuante durante a Guerra de Argélia, que organizava ataques terroristas baseados em bombas e assassinatos, na tentativa de prevenir a independência argelina. Entre outros episódios marcantes estão a Batalha de Bab El Oued e a tentativa de assassinato de Charles De Gaulle (N.d.E.).

as consequências daquilo que eu, progressivamente, passava a divisar. A dificuldade era tamanha que, ainda que concordava com publicar o artigo, a diretora da revista pediu que eu retirasse a conclusão – que para dizer verdade ainda não estava totalmente clara. O que me deixou com algumas questões lancinantes em suspenso, por exemplo: qual relação existe entre o exercício coletivo e institucionalizado da violência e a manutenção, o reforço ou mesmo a criação desta por diferentes grupos sociais, ou mesmo por diferentes classes (sexuais, raciais e sociais)? Qual é o estatuto da violência e qual é o seu papel junto às dinâmicas econômicas, que são frequentemente as únicas convocadas para pensar a divisão do trabalho e, portanto, as diferentes classes sociais?

Pensar a violência sobretudo como violência simbólica – tendência que encontramos frequentemente entre os dominantes –, permite evacuar essas questões. Sublinhar sua dimensão material, como brilhantemente fez Nicole-Claude Mathieu (1985), nos permite compreender seu papel de freio em relação ao acesso das pessoas oprimidas à plena consciência de sua situação e das relações sociais que as governam. Tomando o cuidado de separar a obrigação sexual e a violência física, Colette Guillaumin (2014) faz da coerção uma das manifestações das *relações de sexagem*[7] e um dos meios utilizados para sua perpetuação. Paola

---

[7] Minha perspectiva teórica se apoia no feminismo materialista francês, especialmente no trabalho de síntese proposto pela socióloga Colette Guillaumin, quem pensa tanto as mulheres quanto os homens como categorias puramente sociais, produzidas tendo por base não os elementos biológicos, mas as relações sociais estruturais, dialéticas e antagônicas de poder que produzem, por sua vez, uma classe dos homens e uma classe das mulheres. O que caracteriza estas relações sociais estruturais, na economia doméstica moderna, é o fenômeno da "apropriação", por parte da classe dos homens, do "corpo-como-máquina-de-força-de-trabalho" das membras da classe das mulheres, ao que Guillaumin chama de "relações de sexagem". Esta apropriação tem duas faces, dialeticamente contraditórias: privada e coletiva. Guillaumin traça paralelos entre a apropriação das

Tabet (2018) também enxerga aí uma das três condições do fechamento das mulheres dentro do que ela chama de *contínuo da troca econômico-sexual*[8]. Ainda assim, nenhuma destas autoras coloca a violência no centro de seus trabalhos, deixando esta questão em aberto.

Seja como for, este texto possivelmente foi prematuro: suscitou poucas reações. O conceito de *guerra de baixa intensidade* parecia paradoxalmente desconhecido na França – seu berço – ao ponto de ser constantemente compreendido como uma forma de guerra "leve". A ideia de que a guerra dos homens contra as mulheres não é somente simbólica e, na verdade, encobre uma realidade brutal, talvez não podia ser plenamente ouvida no país de Chanel e da *gauloiserie*[9]. A enquete sobre a violência contra as mulheres "ENVEFF"[10], que começava nessa época,

mulheres na economia doméstica contemporânea e outras duas grandes formas de apropriação que existiram ao longo da história: a escravidão de plantation e a servidão feudal, de modo que a "relação de apropriação física direta não é, portanto, uma forma que seria exclusiva das relações de sexo" (Guillaumin, 2014).

8 Na mesma perspectiva em que as feministas materialistas francófonas, a antropóloga italiana Paola Tabet desenvolveu o conceito de "contínuo de troca econômico-sexual" para pensar a situação das mulheres nas sociedades em que relativamente aos homens, as mulheres têm menor ou nenhum acesso a recursos, aos conhecimentos, e estão em risco de sofrer violência masculina. Nestas sociedades, para obter roupas, comida, teto, dinheiro, proteção própria ou para dependentes, o único que as mulheres têm para trocar é sua sexualidade (objetificando-a), sexualidade esta que podem trocar tanto dentro de uma estrutura matrimonial quanto na forma da prostituição de rua, ou tendo vários amantes, ou combinando tais formas ao longo da vida.

9 Essa palavra que significa literalmente "tipicamente galo-francês", significa também uma "história picante" e tem uma conotação "positiva" [NDT].

10 A Enquete nacional sobre a violência contra as mulheres e as meninas (ENVEFF) foi, na França, a primeira enquete nacional sobre o tema, realizada à pedido do Serviço nacional dos direitos das mulheres e do Secretariado de Estado para os Direitos das mulheres. Foi coordenada pelo Instituto nacional de estudos e estatísticas INED, com uma mostra de 6970 mulheres entre 20 e 59 anos. Os resultados foram publicados em 2001. https://www.ined.fr/fichier/s_rubrique/18735/pop_et_soc_francais_364.fr.pdf (NDT)

suscitaria, alguns anos depois, reações ofuscadas. Inclassificável em um mundo em paz (ainda que relativa), quase inaudível, o conceito de "guerra de baixa intensidade contra as mulheres" começou, então, uma longa hibernação. Nesse período eu tinha em foco assuntos mais "sérios" como a desmobilização da guerrilha em El Salvador, o movimento zapatista, o Movimento sem-terra no Brasil e, depois, a globalização.

CHORAR COM OS HOMENS?

Pensado como um prefácio e centrado na pesquisa realizada por Pınar Selek acerca do serviço militar na Turquia, "Além das lágrimas dos homens", visava inicialmente evitar uma leitura sensacionalista e potencialmente masculinista[11] dessa investigação (quer dizer, para evitar reações como "coitados dos homens, sofrem muito e ficam traumatizados pelo serviço militar! Entendemos que por conta disso, muitos às vezes se tornam, lamentavelmente, violentos"). Ao contrário dessa equivocada leitura, o texto destaca o caráter rotineiro, planificado e eminentemente transitório da violência a que os jovens recrutas são submetidos – particularmente durante os três primeiros meses de serviço militar, tidos como os mais árduos, depois dos quais cada recruta progride automaticamente na hierarquia militar, recebe uma arma, deixa mais ou menos de ser violentado e *torna-se aquele que, à sua vez, exerce a violência*. É revelada assim

---

11 O masculinismo é um movimento que apareceu primeiro no Canadá (Blais & Dupuis Déri, 2008) e na França, e que agora está bastante forte no Estado espanhol e nos Estados Unidos, entre outros. Os homens masculinistas se vitimizam e falam muito do seus sofrimentos, causados, segundo eles, pelos "mandatos" da "masculinidade" ou pelas próprias mulheres e feministas. Parte dos estudos sobre "as masculinidades" que têm se desenvolvido nos últimos anos, no caso de esquecer que os homens são dominantes (mesmo quando também são dominados), podem ser considerados como masculinistas.

uma lógica quase burocrática da administração da violência durante o serviço militar, uma fria racionalidade que permite *in fine* a concessão de privilégios consideráveis a uma parte da população (a parte masculina que passou pelo serviço militar) – em particular: a possibilidade de casar e ter acesso ao trabalho remunerado. Estes privilégios são tanto mais intrigantes na medida em que o grupo social ao qual são concedidos, ainda que sua passagem pelo serviço militar o tenha homogeneizado e unido, é selecionado inicialmente por meio de critérios totalmente arbitrários (por exemplo: ter um pênis e não uma vulva).

Este segundo capítulo visa, portanto, em primeiro lugar, ultrapassar uma visão do serviço militar moldada pelas evidências do senso comum, mostrando seu caráter não só insuficiente, mas enganador: tal visão esconde, na realidade, um indubitável naturalismo, ou um verdadeiro masculinismo.

A primeira evidência enganadora: o serviço militar seria um simples lugar de inculcação individual da "masculinidade". Ora, tal crença de aparência banal repousa, em parte, sobre a ideia naturalista de uma masculinidade dada de antemão, com contornos precisos e universais, que bastaria embutir nos corpos e espíritos. O trabalho de Pınar Selek mostra que não é assim: o resultado da passagem pelo serviço militar produz formas de "masculinidades" que pouco se assemelham à ideia dominante de virilidade. Oficiais e recrutas choram lágrimas cálidas, alguns desmaiam e fraquejam, têm medo das armas. Todos aprendem a se calar, obedecer, fazer suas camas de modo impecável e lustrar incansavelmente o interior de seus carros de combate e os canos de seus fuzis.

Ademais, o serviço militar é frequentemente percebido como um tipo de rito de iniciação, o que conduz às vezes a análises sutilmente masculinistas, que insistem nas violências infligidas aos mais jovens e no sofrimento imposto no momento desta iniciação. Encontramos certas interpretações masculinistas do trabalho de Godelier sobre *"a construção dos 'Grandes homens'"*, que destacam a violência e a homofobia características de tais rituais organizados em um "entre-si próprio" estritamente masculino. Ora, ainda que evidentemente estamos em contra a homofobia (e a lesbofobia), se focar nos tormentos vividos pelos homens quando são colocados em uma posição de inferioridade (independentemente de suas práticas sexuais reais), significa seguir concentrando-se nos homens, em um velho reflexo androcêntrico, que simultaneamente apaga as mulheres e, sobretudo, a dialética das relações sociais de sexo, que são centrais para entender o que realmente esta acontecendo. Colocar em destaque, complacentemente, os sofrimentos (intensos, mas, ao fim, passageiros), de alguns homens, tende a escamotear os privilégios (estendidos por dezenas de anos antes e depois do serviço militar) que todos adquirem em relação às pessoas radicalmente excluídas do serviço militar, neste caso: as mulheres.

Eis o centro da questão, uma vez que o próprio princípio da exclusão é indispensável para a criação de um "nós", o qual indubitavelmente possui uma hierarquia interna, mas na qual a progressão é prevista e permite escapar tanto da violência quanto do "trabalho sujo", e no qual mesmo aqueles que menos progridem estão assegurados sempre de obter uma melhor posição do que as pessoas excluídas do serviço militar. Quer dizer: principalmente as mulheres, mesmo que a escolha do grupo designado para ser incluído no serviço militar[12] seja historicamente contingente. O ponto principal é o de que em relação ao Outro excluído,

---

12 Não apenas poderia se fazer uma escolha diferente, como, sobretudo, poderia se pôr em causa a própria existência das mulheres como um grupo preexistente e "natural".

a hierarquia interna do grupo é apenas de importância relativa, ou inclusive é precisamente a exclusão de um Outro, seja qual for, que torna a hierarquia interna suportável. Por isso, focar na distinção entre diferentes formas de masculinidades dissimula o essencial: no caso do exército turco, frente a "feminilidade", mesmo as masculinidades tidas como "não-hegemônicas", quando incluídas ao serviço militar, convertem-se claramente em parte da hegemonia. E mais: tais masculinidades participam de um "nós" coerente e muito consciente dos mecanismos que produzem seus privilégios. Em particular, a necessidade de excluírem os Outros (de fato: as Outras).

Assim, este segundo capítulo propõe um afastamento de um olhar duplamente naturalista, tanto sobre a violência quanto sobre os sexos, destacando que o serviço militar é muito mais que um mecanismo de socialização secundária dos homens que reforçaria uma "virilidade violenta" sempre "já existente": é um dispositivo que consolida a divisão social entre dois grupos radicalmente hierarquizados (no caso, grupos sexuais, mas poderia ser diferente). Servindo-se da violência como instrumento, o Estado produz "homens" (pouco importa que sejam "viris" individualmente, pois estão coletivamente constituídos enquanto classe privilegiada) sobre bases arbitrárias que reforçam, enquanto a modificam, a mirada naturalista que cria a suposta diferença entre os sexos. A violência organizada pelo Estado (e o desejo de se isentar dela), torna a hierarquia desejável para aqueles que dela se beneficiam, mesmo que estejam no antepenúltimo escalão da cadeia.

A MÃO-DE-OBRA PREFERIDA DO NEOLIBERALISMO

Pouco antes de encontrar Pınar Selek, eu trabalhava para um colóquio sobre a globalização, sobre os paradoxos das políticas do Estado mexicano em relação às mulheres e, mais precisamente, sobre as contradições gritantes entre, de um lado, o discurso benevolente e a adoção de leis notáveis contra as violências cometidas contra as mulheres[13] e, de outro, as práticas brutais do exército e da polícia (notadamente, uma série de estupros) contra as mulheres de setores populares e originários, particularmente as mulheres zapatistas e, de modo geral, contra as mulheres em luta (Falquet, 2010). Em seguida, participei da primeira sessão do Tribunal Popular Permanente, que aconteceu em janeiro de 2012 em Chiapas (Falquet, 2012b). Foi nela que um conjunto de mulheres originárias denunciaram uma variedade de abusos cometidos tanto por soldados como por homens "de boa família", além de perseguições policiais, recusa à assistência diante de violência doméstica, diferentes casos em que as autoridades comunitárias proibiam as mulheres de escolher seus parceiros de vida, diversos assassinatos e um sem-número de impedimentos perante a justiça. Neste mesmo ano, em Paris, no quadro de uma muito estimulante "AG feminista e lésbica contra a impunidade das violências masculinas exercidas contra mulheres", nascida por ocasião do "caso DSK[14]", escrevi um texto re-contextualizando o agressor em seu papel profissional, como economista e diretor do FMI, e a agredida como uma trabalhadora pobre, migrante e racializada

13 Entre outras, a lei integral contra a violência, de 2005.
14 Um importante hierarca do Partido Socialista que tinha boas probabilidades de se tornar seu candidato para as eleições presidenciais francesas, e ademais, Diretor do FMI, Dominique Strauss-Kahn, foi acusado de estupro por uma trabalhadora da limpeza de um grande hotel em Nova Iorque.

(Falquet, 2012a). Também neste texto destaquei tudo aquilo que o exercício da violência deve às dinâmicas neoliberais, tanto quanto à imbricação das dimensões das relações sociais de sexo, de raça e de classe. Sobretudo, sugeri que todas essas violências são conectadas entre si pelo fenômeno central da *impunidade*.

Tais reflexões constituem o ponto de partida do terceiro capítulo, *"Os feminicídios de Ciudad Juárez e a recomposição da violência"*, que se debruça sobre as centenas de assassinatos de mulheres, marcados por estupros e outras torturas, cometidos a partir dos anos 1990 na fronteira norte do México, região emblemática e verdadeiro laboratório da globalização. O olhar dominante viu principalmente, nestes assassinatos, o resultado bárbaro e, por assim dizer, inevitável, de uma situação de anomia produzida pela "modernização" frenética desta zona fronteiriça num cenário de desenvolvimento de cartéis de drogas e desintegração do Estado. A maioria das análises feministas colocou em evidência a dimensão profundamente misógina dos assassinatos e da permissividade/impunidade que os circunda ainda hoje. Entretanto, postulo que esta leitura também é incompleta e insatisfatória, vez que oculta a inteligibilidade e "racionalidade" de tais crimes, tão atrozes que parecem incompreensíveis.

Quando nos distanciamos um pouco da explicação apenas pela misoginia, observamos, primeiro, que os alvos de feminicídio não são quaisquer mulheres. Os cadáveres são dessa mão-de-obra muitas vezes migrante, jovem e não-branca, que tenta ganhar a vida nos interstícios abertos pelo desenvolvimento neoliberal da fronteira: as fábricas de montagem (maquiladoras), os bares, as butiques do centro da cidade, a rua. Esta violência exercitada precisamente no ponto de encontro entre as dinâmicas racistas e classistas, ao mesmo tempo em que sexistas, atinge portanto um segmento específico da mão-de-obra:

trabalhadoras individualmente empobrecidas, mas que, juntas, produzem grandes dividendos às empresas transnacionais e, entre outras, à indústria do sexo.

Quem assassina as mulheres? Mistério. As raras pesquisas patinam. Sabemos sim, que em Ciudad Juárez cresceram toda classe de organizações armadas (grupos de jovens delinquentes de diferentes bairros, bandos de ex-presidiários, cartéis de narcotraficantes), subterraneamente ligadas à polícia e às Forças Armadas, o que significa que tem laços com o grandes partidos políticos que ocuparam alternativamente o aparato do Estado. Fornecendo inúmeros recrutas aos grupos delinquentes, são as Forças Armadas e a polícia que introduziram um treinamento para a tortura (incluindo a perpetuação coletiva de estupros e outros atos extremos), vindo diretamente da "guerra suja" dos anos 1960. A *guerra de baixa intensidade* aparece aqui de novo como uma chave de análise particularmente útil. Tendo em vista que, por meio da tortura e de uma violência tornadas terrivelmente públicas, não se trata de designar, aterrorizar e desorganizar opositores políticos, mas se tem como alvo a todo um segmento da mão-de-obra particularmente importante para o bom andamento do sistema. Em base a esta análise, os feminicídios de Ciudad Juárez podem ser lidos como um (novo) conjunto de técnicas cujo objetivo é intensificar a exploração.

Esta análise torna evidente, igualmente, que temos aqui uma *mistura inédita de violência "privada" e "pública"*. "Privada" no sentido em que 1) parece ser exercida por grupos não estatais ou, pelo menos, não diretamente remunerados pelo Estado para realizar essas ações; 2) os que a exerça são movidos, entre outros, por interesses econômicos imediatos (recebem um "salario") ou de médio prazo (aterrorizar a mão-de-obra para torná-la dócil, mantendo os salários o mais baixo possível) e; 3) possivelmente se apoia em motivações individuais, como o gozo de algozes "aficionados" no exercício de tortura sexual. Simultaneamente, essa violência é "pública", porque 1) repousa sobre a exibição duma parte dos corpos com a finalidade de controlar o espaço público; 2) beneficia, mais ou menos diretamente, de treinamentos em métodos institucionalizados – estatais – de tortura e; 3) é protegida, de fato, pelos poderes públicos que, ao invés de justiça e prevenção, garantem a impunidade àqueles que a exercem[15]. Esta *fusão crescente entre atores estatais e não-estatais*, que se desenvolveu na fronteira do México com os EUA após a entrada em vigor do tratado de livre-comércio, constitui, de certa maneira, os primeiros passos de uma reorganização global da violência de alcance ainda maior.

De fato, os feminicídios de Juárez prepararam a sociedade mexicana para uma situação mais terrível ainda, que desabou sobre o conjunto do país em 2007 com o lançamento oficial da "guerra contra o narcotráfico". Começa então uma verdadeira guerra interior liberada das regras da guerra clássica, em que o exército desenvolve funções de polícia, as polícias novamente formadas apoiam o exército e proliferam-se grupos armados de toda ordem (narcotraficantes, paramilitares, grupos de autodefesa, polícias comunitárias). A violência generalizada resultante desse giro da política governamental pode ser analisada como o desenvolvimento à escala nacional do novo modelo de coerção neoliberal.

---

15 Como mostra *a contrario* a sentença histórica dita "do campo de algodão", pronunciada pela Corte Interamericana de Direitos Humanos em 2009, segundo a qual o Estado mexicano é responsável pela inação de seus serviços de justiça e polícia.

VIOLÊNCIA E (DE)COLONIALIDADE

Enraizado em uma realidade ainda mais recente, o quarto e último capítulo, *"Lutas (de)coloniais ao redor do 'território-corpo' na Guatemala. Da guerra ao extrativismo neoliberal"* volta-se sobre a história das lutas para tornar visíveis as violências sexuais cometidas durante a guerra, em particular no começo dos anos 1980. Levadas adiante no pós-guerra, momento em que se desenvolvem novas formas de violências ligadas ao extrativismo de minérios transnacional – entre elas, muitos feminicídios – estas lutas levaram uma parte das feministas da Guatemala, mestiças, brancas e indígenas, a analisar as continuidades notáveis entre todos estes crimes.

Inicialmente, traçaram duas linhas de continuidade dos anos 1980 até os dias atuais. A primeira vincula os feminicídios, que se multiplicam de forma exponencial após a guerra, à violência genocida perpetrada durante o conflito. A continuidade entre feminicídios e genocídio se explica, em particular, por diferentes mecanismos de aprendizagem e de difusão de práticas de violência extremas por parte de ex-militares e ex-policiais, junto com uma lógica de dessensibilização social e impunidade quase total garantida pelos poderes públicos. A segunda, liga os massacres e estupros de guerra, por um lado, e as exações ligadas ao extrativismo, de outro. Continuidade dos locais – na maior parte dos casos, as principais riquezas energéticas, minerais e hídricas se localizam nas zonas rurais e indígenas. Continuidade de protagonistas – de um lado, em bom acordo, o exército, a polícia e os grupos paramilitares a serviço das empresas transnacionais e, de outro, populações rurais, frequentemente indígenas, no seio das quais as mulheres são alvos "privilegiados" de agressões sexuais e letais. Continuidade no objetivo, enfim, pois hoje, como ontem, trata-se de deslocar, ou de calar pelo terror as pessoas que, vivendo nessas regiões e as tendo preservado, podem legitimamente pretender decidir acerca da utilização dos recursos nelas contidas.

Mobilizando-se contra o extrativismo, as mulheres indígenas desenvolveram uma nova corrente de análise e de ação, o *feminismo comunitário*, que afirma em alto e bom tom a necessidade imperiosa de vincular a defesa do Território-Terra à defesa do Território-Corpo; particularmente dos corpos das mulheres indígenas que têm se defrontado com a todas as violências ao longo de cinco séculos. Hoje em dia, são as mulheres indígenas que se acham, frequentemente, na linha de frente dos ataques das empresas transnacionais e do governo – além de encabeçar as lutas de resistência. Depois de ter trabalhado muito para "sanar-se" das antigas feridas de guerra, que prolongavam uma extensa história de ataques sexistas e racistas ininterruptos desde a invasão colonial, as mulheres indígenas também produziram uma das análises mais completas da situação. De fato, o feminismo comunitário desvela a existência de um verdadeiro *continuo das violências coloniais e recolonizadoras*, misturando estreitamente as lógicas de raça e de sexo ao redor do *alvo duplo do corpo das mulheres indígenas e dos recursos do território*. Como na filosofia das populações Aymará dos Andes (Cusicanqui, 2016), as mulheres focaram seus olhares para o passado da guerra para decifrar o tempo que lhes é próprio – um presente que, trazendo de volta o passado mais antigo da colonização, delineia finalmente a face vindoura da recolonização.

Suas reflexões convergem com outras análises decoloniais do continente, feministas e lésbicas, levadas adiante por afrodescendentes, mestiças[16], brancas ou indígenas. Todas elas sublinham

---

16 O termo "mestiça" foi escolhido para manter a fidelidade ao texto original e não evoca a noção de mestiçagem tal qual compreendida no Brasil. Antes,

que diferentes formas de guerra, repressão e militarismo se desenvolvem concomitantemente às violências contra as mulheres – ao redor do extrativismo neoliberal (minerador, energético ou agroindustrial), e do processo complexo de recolonização dos territórios e das populações. A intensificação da exploração dos recursos (*corpos*[17] – sobretudo femininos, indígenas e empobrecidos – e *matérias-primas*) exige o desenvolvimento de uma violência considerável e multiforme.

***

Cada um destes quatro capítulos propõe análises contextualizadas de diferentes expressões da violência a partir de fragmentos de realidades histórico-geográficas heterogéneas. O que as liga é a progressão da globalização neoliberal e o emaranhado de suas lógicas, que seguimos aqui por meio da transformação e interpenetração crescente de diferentes dinâmicas de violência e de guerra. A reorganização da coerção que se desdobra sob nossos olhos nos fala de um futuro inquietante que jaz sob o verniz daquilo que proponho chamar de *Pax Neoliberalia*: o estado paradoxal e instável em que hoje nos encontramos. Veremos aqui que a violência contra as mulheres está em seu centro.

---

refere-se à noção de *mestizo* da América Hispânica, em que tal designação é vernacular e usada para se referir a pessoas não-brancas de modo geral, ainda que, neste caso, especialmente de origem indígena, seja miscigenada ao europeu, seja ao africano (N.d.E.).
17 Trata-se aqui, no sentido dado por Guillaumin, do corpo "máquina-de--força-de-trabalho" cujo controle é essencial para a aliança matrimonial e a procriação (Falquet, 2016b)

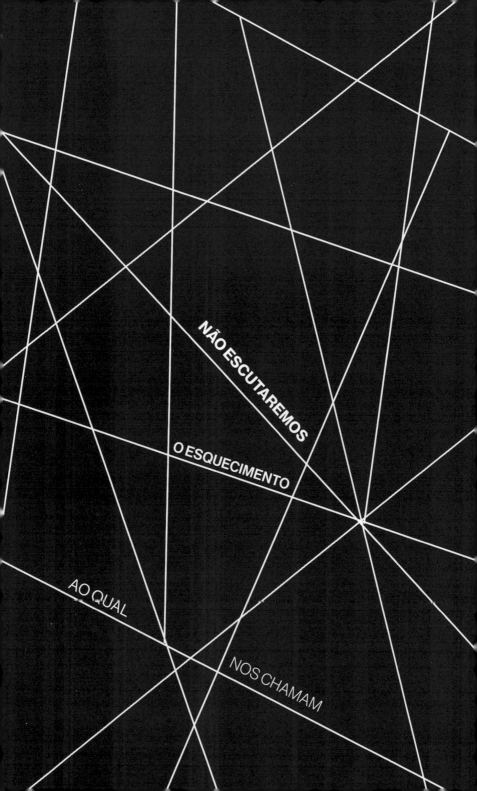

capítulo I

"Guerra de baixa intensidade contra as mulheres?"
A violência doméstica como tortura:
reflexões a partir de El Salvador[1]

O movimento feminista há muito trabalha para mostrar que a violência doméstica não constitui um fenômeno simplesmente "privado" referente à intimidade dos casais, mas também uma questão política e social global. Aqui, proponho estender essa reflexão, demonstrando que a violência doméstica constitui, em realidade, um instrumento chave na manutenção das relações sociais de sexo e da ordem social, estabelecendo um paralelo com a tortura e, de maneira mais ampla, com os mecanismos de controle social conhecidos pelo nome de "guerra de baixa intensidade".

---

[1] Publicado originalmente em *Nouvelles Questions féministes* (18, n.3-4, p. 129-160), 1997, e retomado em 2007, em Jane Freedman & Jérôme Valluy (orgs.). *Persécutions des femmes. Savoirs, protections et mobilisations* (Paris: Éditions du Croquant). Publicado também em espanhol, em 2002, no número 3 da *Revista del CESLA* (Varsóvia, p. 149-172). Este trabalho deve muito a inúmeras mulheres: aquelas que testemunharam a violência que lhes foi causada, aquelas que suscitaram, recolheram e analisaram estes testemunhos e todas aquelas que lutaram contra essa violência de uma forma ou outra. Agradeço, em particular, a Mercedes Cañas, primeira salvadorenha a conduzir uma pesquisa acadêmica sobre o assunto, a Anne-Marie Devreux, por seu encorajamento em desenvolver essa reflexão, e a Anne Hugo, por me ter ajudado no processo.

Para isso, me apoiarei no caso de El Salvador, pequeno país da América Central profundamente marcado por doze anos de guerra civil revolucionária de extrema brutalidade. Foi no meio da guerra, quando a violência militar (assassinatos, massacres perpetuados pelas forças armadas, sequestros, torturas) ocultava a todas as outras violências, que o primeiro grupo feminista contemporâneo do país, a CONAMUS[2], assumiu como objetivo central a luta *contra a violência às mulheres*. Mais do que isso, uma das feministas mais importantes do país, Mercedes Cañas (1989), ousou comparar a violência doméstica à tortura, sublinhando o fato – bem conhecido – de que certos maridos/companheiros agrediam suas mulheres *de modo a não deixarem marcas*, como os torturadores experientes. Esse exemplo teve o mérito de pôr num mesmo plano, de maneira clara, um fenômeno "político", unanimemente reprovado, como a tortura, e um fenômeno invisível, cotidiano, "privado" e "natural": a violência exercida por um marido/companheiro sobre sua mulher. Profundamente impressionada pela abordagem efetuada por Cañas, tentei levar adiante sua sugestão[3]. Para isso, apoiei-me

2 A *Coordinadora Nacional de Mujeres Salvadoreñas*, criada em 1986, é o primeiro grupo de mulheres salvadorenhas, ainda atuante, a se reivindicar feminista. À época, orientado por Mercedes Cañas, o grupo lançou uma primeira campanha de luta contra a violência contra às mulheres com o slogan: "A violência contra as mulheres não é natural. Denuncie-a".
3 O presente texto é resultado deste trabalho, realizado há mais de vinte anos. Os trabalhos sobre os quais me apoiei então, em particular aqueles de Cañas, Martín Baró ou Delphy, não põe em evidência a dimensão racista ou classista do direito, nem a posição de classe ou de "raça" das pessoas entrevistadas (nem das salvadorenhas violentadas por seus maridos, muito provavelmente advindas da classe popular ou da pequena classe média urbana, todas mestiças; nem das pessoas sobreviventes da tortura). Como bem mostrou a famosa feminista Afro-estadunidense Kimberle Crenshaw, a imbricação das relações de classe, raça e sexo, modificam a experiência da violência tanto de quem a sofre, como de quem a inflige. A respeito dos aspectos tratados aqui, esse tema permanece em aberto. Eu estimo, entretanto, que as linhas gerais do tra-

nos trabalhos disponíveis em El Salvador: a psicologia social da guerra, produzida, em parte, no próprio país, e a psicologia da tortura, elaborada principalmente nas ditaduras do Cone Sul. Estas contribuições teóricas, particularmente heurísticas, são decisivas para aprofundar a análise feminista da violência.

Neste capítulo, sigo, de início, a pista aberta por Mercedes Cañas (1989), destacando certas semelhanças marcantes que existem entre a tortura e a violência doméstica. De fato, uma parte dos métodos e dos efeitos psicodinâmicos da violência doméstica são surpreendentemente próximos àqueles da tortura dita política. Em seguida, busco ampliar a perspectiva, indo da violência doméstica à violência cometida contra mulheres de modo geral. Tentarei demonstrar que, longe de ser um fenômeno natural, individual – um meio mecânico para que os homens obtenham "melhores" prestações domésticas, ou uma válvula de segurança para a frustração masculina –, a violência contra as mulheres deve ser enquadrada no contexto global que lhe permite existir. Analisarei, então, o contexto dos atos de violência – sejam políticos, sejam privados –, aquilo que os tornam possíveis coletiva e socialmente. Para isso, me apoiarei no trabalho de Christine Delphy (1995), à propósito da constituição da esfera privada como uma esfera de não-direito (trabalho que converge com a análise clássica de Carole Pateman sobre o contrato sexual implícito na fundação da modernidade política), e no trabalho de Ignacio Martín Baró[4] (1990), que estudou em demasia as dinâmicas psicossociais da guerra. Finalmente,

---

balho que desenvolvo aqui não deveriam ser substancialmente modificadas ao tomar em conta a raça e a classe, senão aprofundadas.

4 Jesuíta espanhol radicado em El Salvador, Ignacio Martín Baró pagou por suas reflexões com sua vida: foi assassinado pelo exército salvadorenho em novembro de 1989, junto a outros cinco professores da Universidade jesuíta, a UCA, e as duas mulheres que empregaram para se pouparem do trabalho doméstico.

esboçarei uma comparação entre a "guerra de baixa intensidade", da qual a tortura é um elemento chave, e a violência contra as mulheres, onde a violência doméstica ocupa um lugar de destaque. De fato, pode-se pensar nestes dois fenômenos como dois sistemas de controle social que, ainda que reputados como excepcionais (tempo de guerra ou grave problema entre o casal ou na família), também funcionam em tempos ordinários, para a garantia e perpetuação da ordem social.

SEMELHANÇAS ENTRE A TORTURA POLÍTICA E A VIOLÊNCIA DOMÉSTICA

De que falamos?

O que aqui eu chamo de violência doméstica, é a violência exercida por um marido/companheiro contra uma mulher adulta dentro de casa[5]. Distinguirei nesta violência doméstica três formas distintas de violência, que são, em geral, estreitamente misturadas: física, psicológica e sexual. A primeira inclui os socos, bofetadas e golpes violentos, mas também os beliscões, puxões, torções e outras maneiras mais sutis de causar dor. A violência psicológica compreende todo tipo de observações desagradá-

---

5 A violência contra crianças enquanto tais não entra nesta reflexão. Indubitavelmente, a violência contra as mulheres começa por uma violência contra as meninas. Há aí ligações profundas e complexas entre a violência doméstica contra as mulheres e a violência doméstica contra as crianças. Entretanto, cada uma possui suas especificidades, e uma análise da violência contra as crianças ultrapassa minha proposta. Quanto à violência incestuosa, é possível consultar o apaixonante trabalho de Dorthée Dussy. Sabe-se, igualmente, que nem todas as mulheres vivem dentro de um casal heterossexual. Mesmo se a violência doméstica é majoritariamente um fato vindo de homens contra mulheres, existem evidências de violência de mulheres contra homens ou contra outras mulheres: a violência, como os sexos, é social, como o veremos. Não vem do cromossomo Y.

veis, os insultos, os gritos, as ameaças em direção à mulher, às crianças, à família ou à terceiras pessoas; o confinamento, a destruição de objetos de valor sentimental, a privação de relações com terceiras pessoas, a monopolização da atenção, a intimidação e o tratamento depreciativo. A violência sexual inclui o estupro conjugal, mas também a recusa das relações sexuais e os insultos relativos ao corpo ou à moralidade.

A violência doméstica ordinária em El Salvador pode ser ilustrada por meio de um testemunho compilado por Mercedes Cañas (1989). Trata-se do relato de uma mulher que entrou em contato com um advogado para começar um processo de divórcio:

> "Depois de falar com o advogado, meu marido me ligou no escritório. Me disse que quando voltasse para casa nós conversaríamos e eu me arrependeria de tentar jogá-lo na lama. Eu tremia, tremia, tremia. Minha mãe veio me buscar e me disse 'Vamos para casa'. Eu estava disposta a tudo – a tudo. Disse a mim mesma que era o momento de dizer tudo. Não passaria nem mais um dia com ele. Ou eu o mato, ou ele me mata. De verdade, eu me dizia, de verdade, definitivamente: eu o mato. Chegamos em casa e tudo começou. Bem, logo ele me agarrou e me jogou no jardim. Eu agarrei nosso filho. Agarrei-o pensando que assim ele não me bateria. Mesmo assim, com a criança, ele me jogou pelo jardim. Eu tinha o hábito de usar um robe quando estava em casa; àquela altura eram quase sete e meia da noite e a área em que vivíamos era muito escura. Ele me despiu, rasgou meu robe e me bateu, bateu. Não sei como consegui me libertar. Estava na cozinha e tomei uma faca. Queria matá-lo. Não me importava com mais nada. Não pensava em nada. Simplesmente tomei a faca e sai para buscá-lo. Quando ele viu que eu trazia uma faca fugiu correndo. Mas eu

escorreguei numa poça de água, ou Coca-Cola e quando ele viu que eu havia caído se lançou sobre mim. Me deu chutes nos seios, onde podia. Minha mãe chegou e saltou sobre ele, não sei realmente como. Não me lembro muito bem, mas se minha mãe não tivesse torcido o nariz dele, teria arrancado meu dedo. Ele tinha apanhado meu dedo com os dentes. Eu tenho a cicatriz aqui"[6]

Intimidação e ameaças, violência na presença de uma criança e humilhação diante de terceiras pessoas; golpes nas partes mais sensíveis do corpo, tentativa de mutilação: temos aqui um quadro de violência domésticas que não perde para uma cena de tortura, tal qual podemos imaginá-la. Vejamos, em paralelo, a definição da tortura formulada por Elizabeth Lira e Eugenia Weinstein (1990), duas especialistas chilenas no tratamento psicológico a pessoas torturadas:

> A Anistia Internacional define como tortura um processo que vai do sofrimento resultante de maus-tratos, até a dor intolerável conduzindo à morte. Compreende-se assim a tortura como a aplicação deliberada e sistemática de dor aguda de uma pessoa a outra, com o objetivo de obter informações ou confissões, ou de produzir uma intimidação sobre terceiras pessoas. Esta dor é produzida por diferentes formas de castigo que inflige uma dor psíquica ou um sofrimento psicológico, que afetam a vontade do sujeito e, em nossa experiência, tentam afetar, deliberadamente, seus laços afetivos, suas lealdades e suas crenças.

---

6 Mesmo que possa soar, aparentemente, estranho, respeitamos a forma expressiva das mulheres entrevistadas, que por vezes deixa transparecer certa confusão mental produzida pela própria violência vivida.

Sem confundir os dois fenômenos distintos, que são a tortura e a violência doméstica, veremos aqui que as semelhanças são marcantes e vão muito além da crueldade dos sofrimentos psicológicos ou da brutalidade dos golpes.

Métodos

Tanto no plano dos métodos quanto dos resultados psicológicos obtidos sobre as pessoas que as sofrem, violência doméstica e tortura possuem pontos comuns surpreendentes. A detenção em um espaço fechado e fora das regras sociais comuns (um espaço de não-direito), é geralmente um dos primeiros métodos comum á violência doméstica e á tortura política. Frequentemente, em ambos os casos, é organizado um face a face num lugar de onde os gritos raramente escapam – cela ou intimidade privada da habitação – ou que, caso sejam escutados, não sejam ouvidos. Os testemunhos desaparecem, se calam ou não podem intervir, sujeitos à mesma ameaça. De fato, outras pessoas afetadas, igualmente impotentes, são, por vezes, testemunhas da tortura, como no caso das crianças que frequentemente assistem à violência doméstica em silêncio. Se, em diversos casos de violência doméstica, o homem se contenta em vigiar as idas e vindas da mulher, e em restringir suas horas e lugares de saída, não é excepcional que eles as tranquem e levem embora seus documentos e dinheiro, colocando-as numa verdadeira situação de reclusão arbitrária[7].

Da mesma forma que a tortura, certas formas de violência doméstica incluem, em diversos graus, o controle sobre a uti-

---

[7] A esse respeito, pode se ver Catherine MacKinnon (1994[1990]), que cita testemunhos impressionantes sobre o encarceramento e a tortura sexual, em casa e em prisões.

lização do tempo, o sono e a alimentação, ou a privação relativa destes. Isso nos lembra os trabalhos de Colette Guillaumin (2016), acerca da apropriação do corpo, do tempo e da atenção das mulheres pelos homens – incluindo aí no quadro das relações de sexagem ordinárias "sem violência" – assim como os de Nicole-Claude Mathieu (2013b), quando ela evoca os efeitos da exaustão sobre a consciência das pessoas dominadas. Quanto às técnicas mais complexas, notadamente a despersonalização, estas são por vezes praticadas na vida doméstica como se ocorressem involuntariamente. Uma das mulheres entrevistadas por Mercedes Cañas relata como seu marido a trata:

"[Fui maltratada] inúmeras vezes. Muitas vezes. Bom, fisicamente isso aconteceu muitas vezes, mas... é assim, como posso dizer, assim, por palavras? Quer dizer, *ele jamais dizia meu nome*, ele só dizia grosserias – eu não sei como dar nome a isso".

Por fim, quando um marido tenta convencer sua mulher de que ninguém lhe ajudará, que sua família e as pessoas com as quais ela poderia contar são impotentes, quando ele intercepta sua correspondência e suas comunicações telefônicas ou a impede de ver pessoas que poderiam ajudar-la, é possível facilmente comparar estas técnicas de desmoralização e de isolamento àquelas dos torturadores. Tanto na tortura política, quanto na violência doméstica, a vítima é colocada numa posição de isolamento material, moral e social, destinado a fragilizá-la e a organizar sua impotência relativa ou absoluta face àquele que a maltrata.

Em relação ao exercício da violência puramente física, os pontos comuns entre tortura política e violência doméstica parecem bastante evidentes. Apesar da ausência de cifras ou de dados sistemáticos, é preciso sublinhar até que ponto a violência doméstica pode ser brutal: os golpes podem provocar sangramentos, quebrar ossos, deslocar membros e, por vezes, causar a morte. A recusa de acesso aos cuidados médicos, mesmo quando estes são manifestamente necessários, se apresenta tanto em certos casos de violência doméstica, quanto em casos de tortura. Por outro lado, certos relatos de mulheres grávidas torturadas mencionam que foram violentadas com golpes no ventre, causando a perda da criança – como no testemunho emblemático de Domitila Chungarra, famosa mulher indígena implicada na luta das mulheres de mineradores na Bolívia (Viezzer, 1982). Ora, os trabalhos de Mercedes Cañas (1989), no caso de El Salvador, evidenciam que não poucos os casos de abortos involuntários estão ligados à violência doméstica, em razão da grande frequência de golpes desferidos no ventre – a despeito da estima social teoricamente acordada à maternidade e às mulheres grávidas. Finalmente, é importante lembrar que, tanto na tortura política, como na violência doméstica, armas mais ou menos sofisticadas podem ser brandidas ou utilizadas. Todos estes elementos estão presentes neste testemunho citado por Cañas:

> "É um homem muito estúpido, neurótico. Tem todos os vícios do mundo e tem sempre os nervos à flor da pele. Quando se enervava comigo, se vingava nos pequenos, batia neles e... não dava chutes neles. Só uma vez ele chutou um deles. Mas [ele lhes batia] com o cinto ou com a régua com a qual trabalhava [ele é alfaiate]. Era só por cólera. Uma vez, também, ele estava completamente bêbado e quis matar o maior com um machete. E outra vez ele quase me matou. Ele tem sempre uma faca na cintura. Uma vez ele adormeceu e eu quis, por gentileza, retirar a faca – eu tinha medo de que ele se matasse. Ele sentiu e tentou me matar, imediatamente. [Ele me bateu] fisicamente inúmeras vezes e eu terminei no hospital por sua causa. Uma

vez ele deslocou minha mandíbula de um golpe só. Fiquei um mês sem poder comer. Chutes, puxões de cabelo, ele me batia o tempo todo. Na última vez em que me bateu – foi a última vez porque depois desta vez eu comecei a não gostar – eu passei um mês no hospital. Ele me bateu..., mas como se bate em um homem – só que somente no corpo, sobretudo no busto, no ventre, nas pernas... Ele realmente me bateu forte, eu fui ao hospital, já não podia nem respirar".

Tanto na violência doméstica como na tortura, a violência física é intimamente entretecida a sofrimentos psicológicos, que se apoiam em técnicas por vezes muito elaboradas, mesmo que, como no caso da violência doméstica, frequentemente pareçam utilizadas de forma inconsciente. Desestabilização por meio de uma torrente de injúrias estonteantes, berros e gestos bruscos, ameaças e simulacros de golpes que se alternam com golpes reais, gradação do assédio moral, mas também imprevisibilidade e onipotência da pessoa que maltrata, fazem parte da rotina da violência doméstica, tanto quanto da tortura. Do lado da tortura, encontramos simulacros de execução, associados com perdão arbitrário e provisório. Do lado da violência doméstica, igualmente relatado por Cañas (1989), o testemunho desta salvadorenha que sempre teme ser assassinada em plena rua por seu companheiro perseguidor:

"[Eu suportei porque] tinha medo dele, que ele me fizesse qualquer coisa na rua. Ele é mal, é capaz de te empurrar para que seja atropelada ou algo assim. Ele é capaz de simular um acidente".

Esta potência, que se exerce materialmente, é igualmente posta em cena e produzida pela relação social particular que se estabelece entre duas pessoas: ela parece onipotência. Por isso, é particularmente desestabilizadora e esmagadora para a pessoa maltratada, ao ponto em que sua percepção da realidade possa ser fortemente alterada. Podemos pôr em paralelo o fato que tal mulher agredida pense que seu marido/companheiro é, de algum modo, dotado de uma força sobre-humana ou de uma capacidade de ferir que torna vã qualquer tentativa de defesa, e o fato de que, na memória de certas pessoas torturadas, o torturador parece maior e mesmo, de certa maneira, *mais belo* do que é na realidade[8].

Como temos visto, a violência exercida simultaneamente sobre outras pessoas para aumentar a tensão e transformar a vítima em espectadora impotente, ou inclusive corresponsável, é uma prática empregada por certos maridos que agridem tanto a mulher quanto as crianças, ou que ameaçam se vingar sobre as últimas. Do mesmo modo, certos torturadores não hesitam em ameaçar de morte a terceiras pessoas caras à sua vítima, principalmente seus filhos e seus país, e a torná-la responsável daquilo que poderia acontecer.

A violência sexual é presente tanto na violência doméstica, quanto na tortura. Sublinhemos que, nos casos de tortura, os maus-tratos sexuais e o estupro são a regra, ainda que considerados como relativamente graves. Não se trata, portanto, de uma "exceção" divertida para os algozes, ou do exercício de um "direito" sobre os butins de guerra, mas de um componente integral da tortura, dos quais os efeitos específicos podem ser utilizados propositalmente, de forma massiva e sistemática, como bem mostrou a guerra na ex-Iugoslávia. Notemos que a trans-

---

8 É isto que aparece de forma destacada no testemunho da Flaca Alejandra, quadro do MIR chileno capturada, torturada e, por anos, "volteada" e atuando ao lado da polícia política, entrevistada anos mais tarde por uma de suas antigas companheiras de luta que ela denunciou. Ver o documentário de Carmen Castillo & Guy Girard, 1994.

missão de doenças sexuais, o fato de "sujar" e, às vezes forçar mulheres a engravidar e, logo depois, criar uma criança gerada pelo estupro, são possíveis elementos adicionais, particularmente destrutivos, da tortura sexual. Nos lares salvadorenhos, a violência sexual, o estupro conjugal ou incestuoso e as gravidezes forçadas são clássicas, com os traumas que delas, em geral, resultam. Contudo, enquanto isso tudo "ficar entre a família", esta violência que passa, de certo modo, despercebida, continua a ser vista como socialmente insignificante e anedótica.

Um último paralelo, particularmente revelador, pode ser estabelecido com uma das técnicas psicológicas de tortura mais comuns, reputada por sua perversidade e eficácia, assim descrita por Elizabeth Lira e Eugenia Weinstein (1990):

> "[É] a técnica do torturador *bom*, que se diferencia do resto dos torturadores que maltratam e humilham, mostrando-se amável, compassivo e paternal [...]. A extrema vulnerabilidade da pessoa torturada lhe torna sensível às demonstrações de proteção e apoio que lhe são oferecidas, possibilitando que ela possa cair numa relação especial de dependência perante seu torturador *amável*. Trata-se de uma forma de manipulação de uma crueldade refinada para empurrar [...] a pessoa à tentação de crer em um de seus próprios torturadores, confiando nele. Descobrir que, durante a tortura, sentiu-se dependente de um dos torturadores é uma revelação que preenche a pessoa afetada de angústia, de culpabilidade e de agressividade".

No ciclo da violência doméstica, os dois papéis – algoz e pessoa compreensiva – são encarnados por uma só pessoa: o companheiro. Quantas mulheres tiveram a impressão de não ter o mesmo homem diante de si, em um e outro momento? Se uma mulher muitas vezes mantém a esperança de que seu torturador doméstico mude, isto se dá pelo fato de que, frequentemente, ele realmente muda – em determinados momentos – voltando a ser o marido/companheiro amoroso e terno que ela aprecia. Esta é a essência da fase clássica da "lua de mel" que, em geral, segue as crises de violência. Além do mais, não é raro que o próprio homem se justifique por uma espécie de "possessão" esquizofrênica do tipo Dr. Jekyll e Mr. Hyde, que transforma o homem civilizado que ele é, em vítima de uma violência interior que jorra à despeito dele mesmo. Esta espécie de dupla personalidade é reforçada (entenda-se, permitida), pela separação entre esfera privada e esfera pública: a imensa maioria dos companheiros violentos, dos estupradores e dos pais incestuosos na esfera privada, projetam ao exterior uma imagem inocente de trabalhador respeitável, bom pai e bom marido.

Efeitos psicodinâmicos da violência

Ao nível dos efeitos psicológicos produzidos sobre as pessoas que as vivem, tortura e violência doméstica possuem, igualmente, estranhas semelhanças. Elizabeth Lira e Eugenia Weinstein definem aquilo que chamam de *efeitos psicodinâmicos* da tortura da seguinte forma:

> As experiências de tortura desencadeiam uma conjunção específica de conflitos e de mecanismos psicológicos que nós nomeamos de psicodinâmicas da tortura, em razão de sua força e de seu potencial em transformar a vida psíquica. Por dinâmicas psíquicas, entendemos os processos que surgem da internalização de um fato extremo da realidade histórico-social, que é assimilado como fato interno, se transformando em uma realidade subjetiva e agindo como tal.

No que concerne a violência doméstica, pode-se pensar que se produz, igualmente, um fenômeno de internalização: os golpes que atingem o corpo se imprimem também no espírito; insultos e ameaças afetam a vida psíquica de maneira durável. É interessante comparar em detalhe os efeitos psicodinâmicos da tortura analisados por Elizabeth Lira e Eugenia Weinstein (1990) relativamente àqueles que a violência doméstica pode produzir. As autoras distinguem oito dinâmicas – que se combinam de diversas maneiras para afetar de maneira durável as pessoas que tem sido torturadas: dinâmica da dissociação, da autodestruição, da desvalorização de si, da confusão, das relações interpessoais, da culpabilidade, da tortura sexual e da dimensão existencial. Apresentarei todas elas aqui, sempre questionando em que medida também se aplicam em relação à violência doméstica.

A dinâmica da dissociação consiste em promover o pensamento de que "estas coisas me acontecem enquanto objeto e não enquanto sujeito". A pessoa é como que ausente, indiferente. Às vezes, mesmo, por uma curiosa inversão psicológica, ela se coloca como moralmente "superior" a seu torturador, como no caso desta esposa, que lembra:

> "Quando ele bebia, eu o desculpava por me bater, porque eu pensava: 'coitadinho'"(Cañas, 1989).

Os sentimentos de irrealidade que acompanham a dissociação podem chegar ao ponto de provocar o esquecimento ou a negação dos fatos de violência. Segundo Lira e Weinstein (1990):

> A dinâmica da dissociação começa como um recurso adaptativo durante a tortura, mas persiste para além dela. A vítima pode sofrer um empobrecimento de sua experiência de vida,

pelo fato que se encontra determinada por *emoções, significações ou percepções* que ela não pode se lembrar completamente, nem integrar à sua consciência. [...] *Ao mesmo tempo, a pessoa tende a projetar os aspectos dissociados nos outros*, o que afeta suas relações mais íntimas e significativas.

Muitas mulheres tornadas objeto de violência doméstica evitam mencionar os tormentos vivenciados e se veem na situação de agir como se nada tivesse acontecido. A pessoa maltratada tenta esquecer, mas continua a ser atormentada pelas memórias odiosas e vergonhosas, que se imiscuem silenciosamente entre ela e as demais pessoas, até em suas relações mais importantes ou em relações ulteriores[9]. Frequentemente, as mulheres se dão conta de que é melhor se calar:

> "Quando eu tinha sete anos, um amigo de meu pai vinha à nossa casa e, repetidamente, me tocava, me dizia coisas e se masturbava diante de mim. Eu nunca tive coragem de dizer isso a ninguém. Eu tinha medo, me sentia culpada. Quando eu tinha nove anos, um homem quis me estuprar, mas minha irmã me salvou. [...] Eu contei isso a meu noivo, para me aliviar, mas ele não me ajudou. Ao contrário: eu me senti ainda pior porque ele me repreendeu e me chamou de puta" (Garaízabal & Vásquez, 1994).

A dinâmica da autodestruição é assim descrita por Lira e Weinstein (1990):

---

[9] O efeito de dissociação também evoca, irresistivelmente, aquele do estupro incestuoso, quase sempre mascarado embaixo de espessos véus de esquecimento, que, no entanto, afetam profundamente o psiquismo e a conduta, notadamente no plano da autoestima e da confiança em outras pessoas (cf. entre outras Dussy).

A autodestruição pode se manifestar por sintomas psicológicos (falta de entusiasmo, desvalorização de si, sentimentos de perda, impotência sexual, incapacidade de trabalhar), por condutas autodestrutivas (tentativas de suicídio, destruição de relações íntimas, renúncia a aspectos parciais do projeto de vida ou seu abandono puro e simples), ou por sintomas psicossomáticos (gastrites, dificuldades respiratórias ou cardiovasculares).

Entre as mulheres vítimas de violência doméstica constatam-se sintomas muito similares; sintomas que são, além do mais, geralmente admitidos como sendo uma reação provável em casos de estupro. Numa amostra de jovens mulheres que denunciaram agressões sexuais, o Secretariado Nacional da Família Salvadorenha, mesmo que conservador, observa que estas agressões causam "uma catástrofe emocional de implicações duráveis e de repercussões de grandeza desconhecida sobre a vida pessoal e sexual futura". Segundo estimativas, 53% das vítimas vivem "desvalorização de si mesmas, ou seja, baixa autoestima", 28% vivem "desinteresse por novas atividades", 50% agressividade, 33% ansiedade, 22% depressão, 39% opiniões negativas sobre o sexo masculino, 39% sofrem de pesadelos, 33% sofrem de dores de cabeça, 28% sofrem de perdas de apetite (Secretariado Nacional da Família, 1992). A propósito da tortura, Lira e Weinstein (1990) prosseguem:

> Nesta dinâmica da destruição, são essenciais os sentimentos de perda ou de despojamento, de impotência ou de passividade absoluta, assim como aqueles de caráter agressivo que não encontram possibilidade de descarga apropriada e devem ser absorvidos pela própria pessoa. Estes três tipos de sentimento se encadeiam e tornam possível uma espiral autodestrutiva.

Lira e Weinstein (1990) desenvolvem, à proposito dos efeitos da tortura, um conceito que se torna chave para a compreensão da violência doméstica, conceito ligado à espiral de autodestruição: a *impotência consciente*:

> A impotência forçada, a passividade associada ao *suportar* e ao *silêncio*, se erigem numa forma paradoxal de proteção, que nos remete ao caráter pervertido da relação humana na tortura. De certo modo, uma impotência *consciente* se desenvolve no meio da impotência generalizada da situação.

O testemunho de uma salvadorenha, compilado por Cañas (1989), esclarece muito bem esse aspecto:

> "Vamos dizer: eu me apequeno quando [meu marido] discute comigo, quando ele briga comigo e me diz coisas idiotas. Eu prefiro ficar em silêncio. Não sei: não nasci para discutir. É fácil me fazer calar. Em geral, eu vejo que eles enchem o saco, que nos fazem chantagem com muitas coisas, e que nós deixamos que façam isso".

Ainda que aparente ser um modo de proteção, aprender a suportar e a se acomodar à impotência pode muito bem ser considerado um efeito secundário da tortura. No que concerne à violência doméstica, a aparente passividade das mulheres, frequentemente condenada e analisada como prova de seu consentimento e de seu gosto masoquista "natural" pelos golpes (Maugin Pellaumail, 1979), poderia ser analisada como uma forma de defesa que, ao longo do tempo, se transforma num impasse. Este impasse é tanto mais prejudicial, na medida em que pode ser vivenciado com culpa, que perdura no tempo e que tende a se perpetuar através das gerações: quantas mães tentam ensinar suas filhas a suportar em silêncio? Nesta perspectiva, a "passividade" com que algumas mulheres vivenciam a violência doméstica não corresponde a uma tendência psicológica inata, mas sim a um condicionamento psicodinâmico concreto. Segundo Lira e Weinstein (1990), a dinâmica de desvalorização de si está sempre aliada à:

> conciliação entre esta outra pessoa que fui sob a tortura, e aquela que sou eu – necessária para que a pessoa que sofreu esta experiência possa integrar uma imagem coerente dela mesma –, que produz altos níveis de tensão. [É preciso analisar] tanto as contradições na imagem de si, quanto a eventual assimilação de identidade diminuída, destruída ou subvalorizada.

No caso da violência doméstica, como é que uma mulher interioriza os sarcasmos, as injúrias, os repetidos e constantes julgamentos de valor negativos sobre ela? Como é que ela vive sua "dupla vida", de mulher violentada e de trabalhadora, vizinha ou amiga que não deixa nada das humilhações sofridas transparecer? Mesmo as corajosas revolucionárias do FLMN não são poupadas pelas agressões e a desvalorização que delas decorre:

> "Meu chefe [político-militar] tentou me seduzir, mas ele não me agradava. Como não correspondi a seus avanços, ele me assediou e realizou uma reunião para me caluniar. Eu esperava que minha amiga me defendesse, mas ela ficou do lado dele. Desde esse episódio tenho um grande complexo de inferioridade, não me sinto nunca segura de mim mesma. Naquela reunião eu me senti como um dejeto, como um trapo" (Garaízabal & Vásquez, 1994).

As mulheres parecem tendencialmente propensas a ter uma imagem negativa delas mesmas e a possuir uma autoestima frágil. É interessante ligar esse fenômeno com o fato de que, frequentemente, elas vivem tratamentos depreciativos (mais ou menos sutis) desde a tenra infância, que são prolongados pela violência doméstica na idade adulta. É como resume uma salvadorenha:

"Nós, mulheres, somos marginalizadas em casa. Do momento em que nasce uma mulher – Ah! Uma menina! – os pais já não estão tão contentes. E a partir daí, começa tudo" (Cañas, 1989).

A dinâmica da confusão se baseia no fato de que:

Os fantasmas, conscientes ou inconscientes, mais atrozes ou perversos se tornam não só imagináveis, mas também *possíveis*. Tendo-os vivido realmente, a pessoa torturada pode revivê-los. Neste contexto, o julgamento da realidade – função do ego que permite ao sujeito diferenciar entre os dados externos e os determinantes internos – é muito exposto à distorção. Esta dinâmica da confusão é responsável por boa parte das sequelas de tipo paranoico que observamos em pessoas torturadas (Lira & Weinstein, 1990).

No tocante à violência doméstica, muitas mulheres manifestam medo, um medo que mistura umas angústias aparentemente paranoicas com crenças razoáveis, fundadas em fatos realmente ocorridos, como mostra o testemunho recolhido por Mercedes Cañas (1989):

"Não é que eu o ame. Quem sabe o que me segura na relação? Talvez, não sei... Bom, claro que sei: é o medo talvez. Mais exatamente, o medo de que ele torne minha vida impossível fora daqui. É disto que tenho medo. Eu tenho meu trabalho, entende?! Mas se eu partir, eu sei que ele virá atrás de mim. Ele sabe onde trabalho, conhece meus horários e por onde transito e tudo mais. [...] Sempre pensei nisso porque foi ele quem me disse: 'Eu vou te procurar, mesmo se for no fundo do mar, eu

vou te procurar. Não porque eu te amo, mas para te fazer mal'.
Ele me falava assim e talvez seja isso que me contenha. [...] Eu
tive a possibilidade de partir, e o apoio das duas famílias, mas,
como eu lhe disse, não sei, mas eu tive medo, veja, medo."

A dinâmica das relações interpessoais é explicada do seguinte modo:

> A relação torturador-torturado constitui um dos aspectos significativos do trauma. A vítima deve, involuntariamente, viver a degradação e a desumanização máximas de uma relação humana. [...] O caráter sádico desta relação e seu caráter emocional intenso determinam diversas modalidades de adaptação e de resposta a esta relação da parte da pessoa torturada (Lira & Weinstein, 1990).

Vimos anteriormente que, no que diz respeito à violência doméstica, um dos aspectos mais complexos que a mulher tem de gerenciar é precisamente o fato de que a pessoa amada/quem a ama – e quem, de alguma forma, age em nome do amor – e a pessoa que a abusa, são uma mesma pessoa. É exatamente isso que Delphy (1995) e com ela a maioria dos grupos de mulheres que trabalham sobre o assunto, notam: "O carrasco é o curandeiro... aquele que bate e aquele que consola. Que consola e que bate. A figura da onipotência".

Enquanto no caso da tortura, a vítima geralmente não tem de rever seu algoz, no caso da violência doméstica a maioria das mulheres maltratadas estão imersas continuamente numa relação que, de maneira recorrente, manifesta um caráter sádico. Parece duvidoso que elas se adaptem sem dano psicológico a esta situação que seria, em qualquer outro caso, considerada eminentemente perversa. No entanto, a situação das mulheres que vivenciam a violência doméstica no cotidiano parece anódina, embora seja, talvez, pior do que a de uma pessoa torturada, uma vez que, para a esposa, o relacionamento com o "torturador" é considerado duradouro, repleto de bons sentimentos e baseado no amor e no envolvimento psicológico mútuo.

De fato, outro efeito particularmente destrutivo da tortura é a dinâmica da culpabilidade que "vem do sentimento de implicação sentido pela pessoa" (Lira & Weinstein, 1990). Na tortura, a culpabilidade pode vir do ato de traição, de respostas de abandono face à tortura – por exemplo de sentimentos de prazer ou excitação consciente ou inconscientes, no caso da tortura sexual – das relações estabelecidas com o torturador "gentil", do fato de ter sobrevivido, ou das implicações vividas pela família. No caso da violência doméstica, como acabamos de ver, uma relação afetiva duradoura existe (e socialmente, deve existir), com a pessoa que causa o sofrimento: o sentimento de implicação naquilo que se produz se torna um dado central. Quanto à culpabilidade desencadeada por eventuais consequências à família, é suficiente que pensemos naquilo que pode sentir uma mulher que vê suas crianças apanhando do marido/companheiro, inclusive, sendo vítimas de violência sexual.

No tocante à dinâmica da tortura sexual, os pontos em comum com o estupro conjugal são evidentes: vergonha e culpabilidade fazem parte de seus efeitos centrais. Lira e Weinstein (1990) sublinham que:

> Este núcleo de vergonha e culpabilidade se desenvolve de maneira diferenciada segundo os valores das pessoas afetadas, sua condição sociocultural, sua idade e seu sexo. [...] A agressão sexual sobre a mulher consiste, em geral, em abuso sexual e violações, fenômenos que muito frequentemente fazem parte dos temores femininos associados à tortura, mas que as

mulheres também veem como perigos aos quais são expostas em outras circunstâncias, pelo simples fato de sua condição de mulheres.

O estupro conjugal é frequente. Possui efeitos negativos manifestos, diferentes segundo a situação sociocultural da mulher e segundo as circunstâncias, notadamente a presença eventual de terceiros, como neste caso relatado por Cañas (1989), no qual a entrevistada não consegue nem mesmo nomear a agressão:

> "Diante dos meus filhos, sim, muitas vezes eles viam, todos os dias, e também o... [o estupro]. O quarto era pequeno porque nós éramos pobres. Quer dizer, as crianças dormiam no nosso quarto e eles se davam conta. Mesmo no escuro, eles se davam conta, por causa de todo o barulho que fazia".

Entre as consequências, as autoras sublinham ser possível observar:

> Um conjunto de fantasias aliadas à experiência traumática. Tais fantasias ativam uma fase de antecipação que deforma o desejo, substituindo a fantasia de prazer por emoções dolorosas (humilhação, repugnância), que afetam em definitivo a conduta espontânea e normal do sujeito.

Neste caso, o paralelo com a violência doméstica de caráter sexual é marcante: a proposição das autoras pode se aplicar diretamente ao estupro —conjugal ou não. Um exemplo permite notar como os efeitos da paranóia induzida se misturam com angústias terríveis, mesmo que estas não digam respeito à própria pessoa:

"Ontem eu voltei para casa e disse à minha filha que trancasse as portas. Senti-me mais segura. Cada vez que volto para casa, eu checo a vulva de minhas duas filhas, de cinco e seis anos. Tornou-se um hábito. Eu as olho por medo de que algo lhes tenha acontecido, como aconteceu comigo. Eu sinto que elas estão circundadas por bestas selvagens que apenas esperam por um momento de falta de atenção minha para que possam agir. Quando chego em casa, a primeira coisa que lhes pergunto é se alguém lhes tocou. Quando eu era pequena, abusaram de mim" (Cañas, 1989).

Por fim, a dinâmica da dimensão existencial descrita por Lira e Weinstein (1990) parece se aplicar bastante bem nos casos de violência doméstica. Esta dinâmica está ligada ao fato de que a tortura:

> implica até o mais profundo, o sentido da vida, o ser no mundo, a maneira de viver seu corpo e seu eu, assim como as possibilidades de se relacionar.

Ainda que as experiências de violência doméstica possam ser muito variadas em forma e gravidade, está claro que poucas mulheres saem delas ilesas. É frequentemente observável inclusive, uma grande dificuldade posterior em estabelecer relações humanas de confiança. Notadamente, constata-se uma tendência à repetição das experiências de violência, tanto no curso da vida de uma mulher maltratada, da mãe até a filha, como no testemunho a seguir:

> "Eu tive uma infância terrível por conta do que aconteceu à minha mãe com meu pai. Ela também era uma mulher neurótica e me fez sofrer. E depois, eu fui sofrer com [meu marido]" (Cañas, 1989).

Deste modo, existem, no plano individual, numerosos paralelos entre certos métodos de tortura e de violência doméstica, tanto quanto entre os efeitos psicodinâmicos produzidos por uma e outra sobre as pessoas que as vivenciaram individualmente. Guardando na mente o fato de que esses paralelos não significam simplesmente que toda violência doméstica seja equivalente a toda situação de tortura, analisaremos agora o contexto que permite o exercício da violência doméstica e, de maneira mais geral, da violência contra as mulheres, mostrando a qual ponto, do mesmo jeito que para a violência dita política, este contexto é eminentemente social.

LÓGICAS SOCIAIS DA VIOLÊNCIA DOMÉSTICA E DA TORTURA

Análise estrutural da violência

Uma análise da estrutura dos atos de violência nos permite traçar melhor os paralelos e diferenças que existem entre a violência doméstica e a tortura. Partiremos, aqui, das reflexões de Ignacio Martín Baró (1983), que distingue quatro elementos constitutivos de um ato de violência: a estrutura formal do ato; a "equação pessoal", que explica a posição de cada uma das pessoas na relação de violência; o contexto que torna a violência possível e; o fundo ideológico do ato.

Relativamente à estrutura formal do ato, vimos que a princípio há pontos comuns entre tortura e violência doméstica, principalmente no confinamento relativo das mulheres e na criação de situações de cara a cara sem ninguém que possa testemunhar, ou, ao contrário, no confronto com pessoas próximas, que testemunham involuntariamente a violência, ou então, que são também ameaçadas e maltratadas. Outro ponto em comum: o fato de não ter lugar seguro para se refugiar. As forças repressivas chegam a qualquer momento até dentro do próprio lar, ao tempo que, nos casos de violência doméstica, essa ausência de lugar-refúgio é ainda mais evidente. Por outro lado, o local onde acontecer a tortura é frequentemente um lugar especializado e anteriormente desconhecido pela vítima. Na violência doméstica, os lugares são quase sempre familiares. Na tortura, os torturadores são geralmente desconhecidos, formados e remunerados para a realizar sua tarefa contra pessoas consideradas "inimigas". Evidentemente, não é o mesmo no caso da violência doméstica; o agressor é precisamente a pessoa reputada como a mais insuspeita, a pessoa amada, o esposo-pai. Na estrutura formal do ato de violência podemos então notar semelhanças impressionantes, mas, também, diferenças importantes entre a violência contra as mulheres e a tortura.

No que concerne à "equação pessoal", que coloca torcionário e vítima em suas respectivas posições, à primeira vista muitas coisas parecem diferentes. A mulher agredida é raramente uma opositora política direta e organizada relativamente a seu marido (salvo se ele a maltrata porque ela é feminista). Numa análise da formação dos torturadores, Bandura (1975) evidencia oito elementos de aprendizagem da agressão. Sugeriremos aqui paralelos que estes possam apresentar com uma certa educação masculina, da qual observamos os resultados na violência contra as mulheres:

> 1. A minimização do caráter agressivo dos atos pelo estabelecimento de comparações vantajosas – um homem não vale infinitamente mais que uma mulher? Aquele que agride não o faz como um nobre dever pedagógico, como o professor quando fala severamente ao aluno?

2. A justificação graças a princípios mais elevados: a necessidade de "educar" as mulheres, o bom andamento do lar, o amor. Não se diz que "quem ama bem, castiga bem"?

3. A transferência de responsabilidade – a culpa é da mulher e/ou é um resultado do cansaço e da frustração sentida pelos homens na esfera pública e no mundo do trabalho.

4. A difusão da responsabilidade – todos os maridos/pais fazem "isso" (compreenda-se, "aquilo que bem entenderem"), como seus pais fizeram antes deles.

5. A desumanização das vítimas – "pequeno animal frágil", "vaca", "gata", ou "bruxa", "figura da Alteridade absoluta": as mulheres são mesmo seres humanos como qualquer outro?

6. A atribuição da culpabilidade às vítimas – diz-se que elas amam sofrer a violência, isso porque permanecem e "fazem questão de irritar o marido/companheiro".

7. Uma perspectiva falsa sobre as consequências da violência: não é mais do que um episódio que será esquecido amanhã; "isto lhe fará bem"; "isto lhe mostrará o que é bom e, no fundo, quanto a amo".

8. Enfim, a dessensibilização gradual – vendo tantos golpes, cenas conjugais, estupros e maus-tratos em geral, no lar ou na televisão, a violência toma um aspecto tão familiar que se torna quase natural. Além disso, na violência doméstica, em geral se observa uma progressão da violência, crise após crise: aos insultos seguem-se os espancamentos, depois os tapas se alternam com as ameaças, antes de chegar a golpes cada vez mais duros.

De modo mais geral, é preciso notar, naquilo que diz respeito à "equação pessoal" da violência masculina contra as mulheres, que desde a tenra infância, tanto a educação quanto os papéis sociais masculinos e femininos criam e confortam, dentro de mulheres e homens, duas atitudes opostas perante a violência. Às mulheres, desde cedo tenta-se inculcar a passividade e a submissão, restringindo drasticamente seu uso da violência e das armas; aos homens, em quem se forma e valoriza a agressividade ao tempo que se armam abundantemente, ensina-se que violentar "sua" mulher é um sinal indubitável de masculinidade. E isto a tal ponto que, em El Salvador, por exemplo, a primeira pesquisa feminista sobre a violência doméstica (ainda que limitada à violência física), mostra que 57% das mulheres casadas ou em união estável são espancadas e, portanto, que 57% dos homens casados ou em união estável espancam suas companheiras (Cañas, 1989).

Respeito do contexto que torna possível o ato violento, Christine Delphy (1995) analisou com grande clareza os casos de violência doméstica (conjugal, segundo seus termos). Longe de constituir um extravasamento lamentável de força, ou de resultar duma agressividade masculina inata, a violência masculina é possibilitada precisamente pelo quadro conjugal, da domesticidade e da esfera privada. Longe de justificar os atos violentos pelo impulso instintivo, Delphy aponta a responsabilidade da lei:

> O que explica a violência conjugal é o quadro conjugal; é o fato de que a sociedade criou uma categoria social: "o privado". As regras que se aplicam por toda parte, que governam as relações de todos com todos, banindo o uso da força, de forma que mesmo quando utilizada é ineficaz [...] são suspensas ou, mais exatamente, substituídas por outras que declaram legítimo o

uso da força [...] A mulher casada é subtraída à proteção da lei, enquanto o homem casado é subtraído a suas sanções.

Indubitavelmente, algumas legislações evoluem e, pontualmente, encontramos em alguns países artigos legais que tendem a lutar contra a violência causada às mulheres. Entretanto, é claro que o contexto da violência contra as mulheres, longe de ser natural, é organizado por uma concepção global do direito. O edifício jurídico patriarcal repousa, em grande parte, sobre a existência de um direito particular, que cria a esfera privada ao mesmo tempo que a constitui como um espaço de não-direito. Aqui, é a reflexão sobre a violência contra as mulheres, a que podemos, de certa forma, estender àquela sobre a violência política, dado que a repressão política como tal não advém no meio do caos, ou então não teria razão de ser, pois não possuiria nenhum efeito particular. Ao contrário, a tortura, assim como outras formas de repressão, se exerce nos espaços de não-direito organizados por leis de exceção inseridas nos (e criadas pelos) sistemas que se reclamam porém do direito e da legalidade.

Quanto ao fundo ideológico do ato, a tortura é geralmente justificada por necessidades superiores, definidas no quadro de uma doutrina de "segurança nacional" que, como assinala Ignacio Dobles Oropeza (1990):

> conduz a uma polarização extrema, a uma real 'coisificação' da vítima, e tende a legitimar toda ação degradante e inumana, incluindo-a no quadro de uma 'guerra interna' contra a 'subversão'.

De início, podemos pensar que o fundo ideológico da violência doméstica é diferente do da tortura. A menos que admitamos que exista uma "segurança doméstica" a se preservar, seguindo o paralelo com a "segurança nacional". Dobles Oropeza incita a seguir a reflexão, na busca por traçar mais paralelos e analisar minuciosamente as homologias com outros fenômenos sociais considerados como não políticos:

> Como indicamos, estas considerações sobre a tortura não se aplicam exclusivamente e *a priori* ao domínio da ação política. É necessário estudar em maior detalhe suas aplicações aos fenômenos comumente catalogados como 'patologia social'.

É possível, assim, desenvolver ou precisar um conceito de "segurança doméstica" — ou seja, o fundo ideológico do ato. Vislumbra-se aí, de fato, um eixo essencial da opressão das mulheres pelos homens. Precisamente, é com base na análise, agora, das consequências coletivas, sociais, de aplicação da violência contra as mulheres que veremos aparecer sua dimensão política.

Efeitos coletivos da violência contra as mulheres e da tortura

Além dos efeitos causados sobre as pessoas às quais se dirige, a tortura exerce consequências sobre o corpo social como um todo, conforme Lira e Weinstein (1990) explicam:

> A utilização da tortura como método de coerção habitual afeta não só suas vítimas diretas, mas também suas famílias, os grupos aos quais elas pertencem e o conjunto social, incluindo aí os torturadores. É uma forma de coerção social e política muito eficaz, pois o medo de ser vítima de prisão e tortura produz condutas massivas de autocensura, de isolamento, de passividade e de resignação. [...] Assim, a tortura é utilizada como um instrumento do poder: a ameaça e/ou utilização do sofrimento são regidos por um método de controle ideológico.

A violência doméstica e a violência contra as mulheres em geral, na medida em que afetam mais do que as pessoas diretamente implicadas, permitem uma economia relativa de meios. Não é necessário violar ou espancar todas as mulheres todos os dias: alguns casos particularmente horríveis divulgados com estrondo pela mídia sensacionalista, ou relatados pelas vizinhas, são suficientes para que cada mulher se preocupe e tema infringir as normas que supostamente a protegem de tal sorte. A indignação e a resistência existem, mas a autocensura, o isolamento, a passividade e a resignação parecem ser os principais efeitos obtidos. Dobles Oropeza (1990) vai ainda mais longe, afirmando que o fim da tortura e da coerção política é de desencorajar a ação política individual e coletiva:

> Quanto ao contexto que torna a tortura possível, em sentido mais amplo, este consiste em ações que visam instaurar o terror na população e o medo á ação político-social. Longe de demonstrar a força política de um regime, este contexto é a prova de uma grande fraqueza. Como mostrou Paéz, com este tipo de ação o objetivo é, conforme os casos, levar indivíduos ou a coletividade à negação e à distorção da realidade, ao isolamento em relação ao universo valorativo da prática cotidiana, à idealização e à fixação no passado, ou ao 'desinvestimento' do passado (esquecer o que aconteceu).

Tal qual Lira e Weinstein, Dobles Oropeza recoloca a tortura no contexto geral daquilo que é as vezes chamado de "guerra psicológica": ao tocar a subjetividade individual, a sociedade inteira é levada a transformações tão profundas que vão desde a passividade massiva até a distorção da percepção da realidade. A ação sobre o psiquismo, sobre as crenças e lealdades pessoais, sobre os laços afetivos e sobre a família, enfim, sobre a vida das pessoas, repercute no plano coletivo com objetivos eminentemente políticos. Neste estágio, devemos, então, aprofundar nossa reflexão sobre a maneira pela qual a violência contra as mulheres, assim como a tortura, alia estreitamente fenômenos aparentemente privados e funcionamentos sociais coletivos e públicos. Mas com quais perspectivas políticas globais?

Uma "guerra de baixa intensidade" contra as mulheres?

As técnicas de "guerra de baixa intensidade" foram desenvolvidas a partir das práticas da OAS[10], especificamente a partir da batalha de Argel, entre 1957 e 1962. Foi nesta época que os militares franceses tiveram a ideia de utilizar a tortura de maneira sistemática, não somente para obter informações, mas, sobretudo "pelo exemplo", com o fim de aterrorizar o conjunto da população, sendo a população civil considerada como alvo ao igual que o grupo armado "opositor". Com base em uma longa pesquisa que a levou ao outro lado do Atlântico, a jornalista francesa Marie-Monique Robin (2004) mostra de que modo estas técnicas foram ensinadas primeiro ao longo do anos 60 e 70, por fugitivos da OAS, no Brasil, na Argentina e no Chile, sendo posteriormente aplicadas e "aperfeiçoadas" pelas ditaduras do Cone Sul, antes de chegar aos ouvidos dos militares estadunidenses, que as formalizaram, passando a ensiná-las na Escola das Américas, localizada no Panamá, para logo empregá-las amplamente no Vietnã e no resto do mundo.

Tais técnicas, que se tornaram clássicas, foram pensadas, naquele momento, para os novos tipos de conflitos, que aparece-

---

10 Organização do Exército Secreto, grupo clandestino de extrema direita formado no exército francês durante a guerra de libertação da Argélia, que realizou atos terroristas tanto no território argelino como na França metropolitana, e tentou dar um golpe de Estado para impedir a independência argelina.

ram com as lutas modernas de independência, descolonização e/ou lutas revolucionárias. Estes conflitos não opõem exércitos de países diferentes, mas forças repressivas de um Estado (Forças Armadas, polícia, grupos paramilitares), a toda ou parte de sua própria população. De fato, para vencer os grupos nacionalistas ou revolucionários que se juntam intimamente à população civil da qual surgem, o Estado se esforça na destruição de seu meio, isto é, da própria população civil. O alvo não é mais um adversário militar e abertamente político, mas a população civil como um todo. O objetivo é menos a conquista de um território ou a neutralização do adversário do que o controle dos corpos e mentes. Trata-se de desencorajar a população a participar do projeto opositor, de desmoralizá-la, de aterrorizá-la e fomentar a passividade individual e coletiva, reorganizando de forma profunda o tecido social, que constituiria a base de apoio, de resistência da população. Nestas técnicas de guerra, que podemos qualificar como psicossociais, é possível distinguir três grandes eixos: de início, o controle de informação e a configuração de lógicas de desinformação parcial ou total; em seguida, a polarização da sociedade, sua divisão em dois campos sistematicamente opostos e mutualmente exclusivos com a criação do delito de associação, a transformação do outro campo em "inimigo absoluto" e sua demonização para desembocar, enfim, na repressão seletiva aliada ao terror generalizado, no qual a tortura desempenha um papel importante. O objetivo geral é o da destruição dos laços sociais para isolar e individualizar cada pessoa considerada como "inimiga", colocando-a ainda mais à mercê das diversas técnicas de controles sociais postas em ação.

Compreende-se bem, então, que a "guerra de baixa intensidade" não tem nada de guerra "suave", ou de um conflito menor: ela implica o uso sistemático e intencional de técnicas extremamente brutais como a tortura, sem nem mesmo a "justificativa" da necessidade de obtenção de informações. Entre suas grandes diferenças com a guerra clássica, a guerra de baixa intensidade visa a população não combatente e não é oficialmente declarada, o que impede a população de buscar qualquer proteção no direito mínimo que rege os conflitos clássicos.

Tratar-se-á, aqui, de nos perguntarmos em que medida a violência social implementada na guerra de baixa intensidade é comparável àquela que preside a gestão cotidiana, em tempos de paz, das relações sociais de sexo.

O controle de informação e a desinformação, primeiro eixo da guerra de baixa intensidade, estão presentes na gestão das relações sociais de sexo. O caso salvadorenho o ilustra (como muitos outros): controle de acesso das mulheres a informação, impedimento do estudo em geral, ou da formação em certas profissões, ou mesmo de ler certos livros, como a Bíblia, tão fundamental aos olhos das pessoas crentes[11]. Desinformação quando se faz crer que as mulheres não podem consumir certos alimentos durante seus períodos menstruais, desinformação quando a gravidez é apresentada como doença, quando as mulheres são mantidas ignorantes do funcionamento de sua própria sexualidade e reprodução, quando se lhes explica mal as consequências da esterilização, quando se lhes apresenta sua própria situação como natural e imutável, ou, ainda, quando se apaga sua participação nos livros de história. Na guerra de baixa intensidade, é um silêncio de morte o que cai sobre as informações concernentes às pessoas definidas como "inimigas" ou que de elas provêm. Que pensar, por exemplo, do silêncio das mídias sobre as ma-

---

11 Sofía, uma ex-guerrilheira, se lembra das dificuldades ao começo da luta: "Havia gente que dizia que a mulher não tem o direito de saber o que está escrito na Bíblia, e nós dizíamos que as mulheres, tínhamos tanto direito de conhecer a Bíblia quanto os homens" (entrevista realizada em novembro de 1993).

nifestações e ações do movimento de mulheres que se observa em El Salvador? Um outro exemplo, trazido de uma oficina sobre "as mulheres e os meios de comunicação", é fornecido pelo exame dos grandes cotidianos salvadorenhos[12]. As mulheres são largamente sobre-representadas nas páginas "sociais" que anunciam os batismos e os aniversários, assim como nas publicidades mais diversas. Nas outras páginas, encontramos poucas fotos de mulheres e quase nenhuma informação mencionando mulheres ou diretamente a elas relacionadas, exceção feita aos conselhos de beleza e receitas culinárias.

O eixo da polarização é largamente transponível naquilo que toca as relações sociais de sexo. Mulheres e homens formam dois grupos considerados totalmente distintos. Ainda que, à diferença dos dois campos político-militares implicados numa guerra civil, pretenda-se que os dois sexos som complementares, seus interesses concretos se opõem frequentemente, a tal ponto que, correntemente, se evoca a existência de uma verdadeira "guerra dos sexos". O movimento feminista, dado que reconhece a existência de relações de opressão, de exploração e de apropriação entre os sexos, poderia ser visto como o núcleo de um campo oposto ao sistema patriarcal, e poderia reunir as mulheres e alguns homens. Porém, diversas técnicas de controle que impedem a formação de uma "oposição", evocam aquelas da guerra de baixa intensidade: demonização do campo inimigo e criação do delito de associação. A demonização de pessoas consideradas inimigas ocorre ao se fazer com que as mulheres que lutam por seus próprios direitos, passem por

---

12 As participantes tiveram que examinar os três principais jornais diários nacionais para observar o que era dito sobre as mulheres, como eram apresentadas e que tipo de notícia eram particularmente relevantes para as mulheres. Oficina realizada para o CEF com o Concultura, em 22 de abril de 1993, em São Salvador.

loucas ou lésbicas, em poucas palavras, por frustradas, perversas ou, ainda, criaturas vagamente monstruosas – inclusive no plano físico – e estrangeiras ao espírito nacional, como Judith Ezekiel (1996) mostrou no caso do feminismo francês[13]. Quanto ao delito de associação, este toma formas quase idênticas, em El Salvador, quando concerne a guerrilha ou quando visa as feministas e as lésbicas. De fato, um estudante nos explicou que ele teve que queimar todos os seus livros durante a guerra: possuir um livro sobre o marxismo, ou mesmo um livro com capa vermelha, podia ser interpretado como adesão à guerrilha e levar à tortura e à morte[14]. Na mesma época, para Juana, engajada com a teologia da libertação, possuir encíclicas pontífices em casa trazia um grande risco[15]. Do mesmo jeito, após do fim da guerra em El Salvador, muitas mulheres esconderam de seus pais ou maridos a documentação feminista que pegavam emprestada nos grupos de mulheres. As membras do coletivo lésbico clandestino *Media Luna* encontraram dificuldades para constituir seu arquivo: a maior parte das mulheres não queriam, nem podiam, ter em casa uma documentação tão comprometedora. Uma entre elas se recusou por muito tempo até mesmo a levar para a casa dela, sua camiseta da *Media Luna*, na qual aparecia o nome do grupo[16]. Ter amigas feministas, prostitutas ou lésbicas (ou reputadas como tais), significava arriscar a assimilação às práticas de tais pessoas. O ostracismo que lhes assola podia se estender às mulheres que as rodeiam, mesmo de forma invo-

---

13 Judith Ezekiel mostra como o feminismo estadunidense (entende-se, radical), é oposto nas mídias francesas a uma cultura nacional de galanteio e sedução entre os sexos.
14 Relato pessoal de Horacio Hernández, San Salvador, maio de 1992.
15 Relato pessoal de Juana Utrilla, San Salvador, outubro de 1992.
16 Relato pessoal de Amalia, fundadora da coletiva lésbica feminista salvadorenha *Media Luna*, San Salvador, 17 de fevereiro de 1993.

luntária: apelo à ordem e às sanções ameaçam "simpatizantes" da "subversão".

Do mesmo modo, é possível ver como a repressão seletiva e o terror generalizado se combinam contra as mulheres. Nesse caso, as mulheres que são particularmente perseguidas são aquelas consideradas mais desviantes: as que têm uma sexualidade não hetera, não-monogâmica e/ou não reprodutiva, notadamente as lésbicas, as prostitutas, as mães celibatárias e as "deixadas", sem marido ou filhos.as. A repressão em geral inclui o isolamento social, as injúrias e ameaças, a violência física e, por vezes, até mesmo o assassinato. Ela também toma a forma da privação de moradia e, sobretudo, de emprego: trabalhadoras domésticas demitidas quando engravidam, e também assédio ou demissão de uma mulher suspeita – ou acusada – de ser lésbica. Além disso, não é necessário ser desviante para ser acusado de sê-lo e, assim, se ver negado um emprego melhor e melhor pago, porque é considerado como masculino. Um exemplo pouco habitual tirado da cultura camponesa salvadorenha mostra como a ameaça de desaprovação social associada à acusação de lesbianismo – lesbianismo que, oficialmente, faz parte da vida privada – é usada para excluir mulheres do acesso aos meios de produção, neste caso, a terra. Os interesses econômicos mais óbvios se tornaram visíveis nesse caso. Durante um fórum público sobre "o acesso à terra para ex-combatentes e civis que tinham apoiado a guerrilha", uma camponesa afirmou ter derramado sua cota de sangue, junto com seus filhos, nas terras de Chalatenago. Porém, logo que a paz foi firmada, as mulheres foram amplamente esquecidas pelos programas de retorno à vida civil que previam a atribuição de terras às pessoas desmobilizadas da guerrilha. Por quê? Porque aquelas mulheres que querem trabalhar a terra – que sabem realizar esse ofício, que passa por masculino – são consideradas como lésbicas. As *verdadeiras* mulheres não devem lavorar e não as interessa. E a velha camponesa insistia no fato de que as mulheres podiam e queriam trabalhar a terra, sem que isso significasse que haviam "passado para o outro lado", como se diz pudicamente em El Salvador. Assim é como a presunção de associação com "desviantes" divide e serve como pretexto para ameaçar todas as mulheres antes mesmo que elas infrinjam as normas. Desta feita, a repressão seletiva, reforçada e ampliada graças ao delito de associação e ao exercício cotidiano de uma violência esporádica relativamente imprevisível contra qualquer mulher, constitui uma forma de ameaça permanente contra as mulheres, que evoca o clima de medo generalizado, gerado numa guerra civil por desaparições forçadas, tortura e assassinatos, três fenômenos presentes, como sabemos, na violência contra as mulheres.

Por fim, um dos mecanismos centrais da guerra de baixa intensidade, muito bem analisado no livro *Afirmación y resistencia* (Collectif, 1993), que compara as experiências guatemaltecas, salvadorenhas, chilenas e argentinas, consiste em dividir, isolar, separar oponentes e em destruir o conjunto de solidariedades sociais que fazem obstáculo à individualização completa das pessoas, que se encontram, assim, sozinhas e, portanto, ainda mais impotentes face ao poder. O livro demonstra como a repressão, forçando as pessoas à clandestinidade, as isola. A confiança desaparece das relações, mesmo entre as pessoas mais próximas. A mudança forçada de moradia, o banimento e o exílio, afetam ainda mais os laços sociais, isolando ainda mais as pessoas e cortando-as de suas referências, ao ponto de produzir, por vezes, a desestruturação completa da personalidade. Todas estas situações podem ser encontradas na violência contra as mulheres. Pensa-se principalmente nas mulheres que, para escapar de uma relação particularmente violenta, devem fugir e se esconderem, com ou sem suas crianças, ou, então, no modo pelo qual certos homens as privam de seus documentos para impedir que fujam. Como visto anteriormente, a vergonha e a ameaça impedem que muitas mulheres violentadas e violadas falem e busquem relações de apoio e confiança. Como a maioria da população civil num conflito militar no qual são postas em ação as técnicas de guerra de baixa intensidade, quantas mulheres, isoladas nas cozinhas, trancadas em um mutismo profundo no que toca as violências às quais são submetidas, que lhes causam vergonha e das quais creem ser pessoalmente culpadas, vivem em resignação e com medo?

***

Vimos que a violência doméstica exercida contra as mulheres e a tortura dita política possuem numerosos pontos em comum: não só parte de seus métodos são comparáveis, mas, sobretudo, são supreendentemente próximos os efeitos psicodinâmicos produzidos individualmente sobre as pessoas que lhe são objeto. Em particular, a impotência adquirida, ou seja, o fato de não mais poder/querer/saber responder aos atos de violência (o que retomaremos no capítulo seguinte, com os jovens recrutas do serviço militar turco, os *Mehmetçik*, que chamam isso de "se tornar inteligente"), constitui um dos efeitos marcantes do fato de vivenciar uma violência sabendo que essa violência não será sancionada socialmente. Em outros termos, ser objeto de violência torna as pessoas vulneráveis, e este é, obviamente, um dos objetivos almejados pelos autores individuais e coletivos da violência, bem como pelas instituições – notadamente do Estado – que, em particular, a autorizam ao fechar os olhos, ou a legitimam criando um quadro jurídico favorável ao seu exercício.

Diversos elementos suplementares surgiram ao analisar as lógicas coletivas da violência. Em particular, constatou-se que, tal qual tortura política, os efeitos sociais da violência contra as mulheres ultrapassam em muito as pessoas e os casais, ou as famílias diretamente implicadas, produzindo efeitos na sociedade com um todo. Foi dito que a tortura política, quando utilizada como um mecanismo para aterrorizar a população civil, faz parte de um dispositivo maior de controle social: a guerra de baixa intensidade. De seu lado, a violência doméstica parece fazer parte ela mesma de um dispositivo maior de controle social: o *continuum* da violência contra as mulheres, evidenciado desde 1988 por Liz Kelly (2000). Este *continuum* da violência contra as mulheres é bem mais antigo do que a guerra de baixa intensidade, mas também mais invisível. Ele é incessantemente negado e mascarado sob o discurso romântico do amor e da natureza – aquilo que Wittig (2007) chamou de *pensamento straight*, e Pascale Noizet (1996), de *ideia moderna de amor*. Entretanto, diferente da guerra de baixa intensidade, as lógicas deste *continuum* de violência contra as mulheres não são objeto de uma teorização explícita, nem de um ensino institucional oficial, muito embora, em termos de teorização, possamos encontrá-la em *certas interpretações* das religiões monoteístas – estas, sem dúvida, constituem sistemas ideológicos potentes e estruturados que, por muito tempo, serviram como sistema jurídico.

Historicamente, a teorização da violência contra as mulheres pelo catolicismo desempenhou um grande papel social, mas também econômico, como bem demonstrou o trabalho de Silvia Federici (2014). De fato, a partir do célebre manual sobre como reconhecer e torturar as bruxas, o *Malleus Maleficarum*, de 1486, a Inquisição organizou, em grande escala e de modo oficial, uma perseguição massiva visando principalmente as mulheres: primeiro na Europa e, depois, nos territórios sob colonização, do outro lado do Atlântico, atingindo assim também as populações africanas deportadas em escravidão e as populações originarias da Abya Yala. Federici sublinha que tal violência teve por consequência (senão por objetivo), o enclausuramento progressivo das mulheres na esfera doméstica – esfera doméstica que, por sua vez, estava se formando graças a esse mecanismo. A autora sustenta, igualmente, que a criação desta esfera doméstica permitiu a apropriação do trabalho das mulheres, transformado em "trabalho doméstico" e tornado "natural" e gratuito. Federici também mostra que, desde a colonização europeia da América Latina e do Caribe, este trabalho, apropriado por esposos e famílias, constitui, sobretudo, um elemento determinante de um processo de acumulação primitiva pouco visível, mas essencial ao desenvolvimento do modo de produção capitalista.

Aqui, documentei, para o período atual, a existência de uma forma de guerra de baixa intensidade contra as mulheres, em período chamado de paz. Ainda hoje, o uso, pode-se dizer "racional" e claramente instrumental, da violência doméstica, serve efetivamente para extorquir das mulheres, no âmbito da instituição matrimonial e do regime político da heterossexualidade, grandes quantidades de trabalho gratuito. Isso claramente permite reduzir o custo da reprodução social. Acima de tudo, e de forma mais ampla, a violência doméstica e as lógicas desta guerra de baixa intensidade permanente contra as mulheres têm contribuído decisivamente para a produção de mais-valia muito além da esfera, dita privada, da "reprodução social", para a sociedade global.

capítulo II

Além das lágrimas dos homens: a instituição do serviço militar na Turquia[17]

O serviço militar constitui um dispositivo central da vida dos Estados-nação contemporâneos[18]. Visto sob seu aspecto mais positivo, o serviço militar constitui uma potente instância de socialização e de formação que prolonga o sistema escolar, cria laços profundos entre as pessoas que nela participam e contribui fortemente para torná-las cidadãs legítimas. De maneira mais brutal, é possível considerá-lo, também, como a principal instituição de formação coletiva, sistematizada e massiva, para o uso da violência e seu exercício legítimo. Uma terceira mirada, para além das duas primeiras, sublinha a importância do serviço militar na criação, em cada sociedade, de duas categorias profundamente separadas: as pessoas que dele participaram versus as restantes. De fato, antes de entrar na caserna, provindo de classes sociais diferentes, de regiões e grupos ét-

---

17 Uma primeira versão deste texto foi publicada em 2014 sob o título "Além das lágrimas dos homens. O serviço militar ou a produção social de uma classe de sexo dominante", em prefácio ao livro de Pınar Selek, *Devenir homme en rampant. Service militaire en Turquie: construction de la classe de sexe dominante*" (Paris: L'Harmattan, « Logiques sociales », pp. 9-28).
18 O caráter obrigatório do alistamento só terminou, na maior parte dos países ocidentais, no começo do novo milênio.

nico-linguísticos distintos, os conscritos não necessariamente têm muitas coisas em comum. Sua passagem pela instituição militar, no entanto, lhes traz uma certa compreensão compartilhada sobre a organização social e o tipo de posição à qual podem pretender. Por outro lado, as pessoas que não "fizeram o serviço militar", constituem uma categoria claramente inferior que, na ausência de um período de integração coletiva institucionalizada, não alcançam uma consciência coletiva clara nem sobre sua unidade, nem sobre sua situação.

Aqui, refletiremos a partir do caso da Turquia, que é de grande interesse por vários motivos. Primeiro, o serviço militar turco goza, ainda hoje, de uma importante legitimidade no país[19], e permanece obrigatório para todos os homens. Em segundo lugar, o serviço militar turco, reservado aos homens, exclui até mesmo as mulheres voluntárias. Enfim, é praticamente indispensável, na Turquia, ter efetuado o serviço militar para fundar uma família e acessar a vida profissional, ou seja, para assumir o papel social prometido às pessoas tidas como homens. Como veremos, o serviço militar turco nos permite compreender com muita clareza, poderíamos dizer de uma forma ideal-típica, como a violência pode ser utilizada para forjar um grupo social, garantindo-lhe certos privilégios.

Os dados sobre os quais me apoio vêm do primeiro trabalho sociológico realizado sobre o serviço militar na Turquia, publicado em francês por Pınar Selek (2014) sob o título *Se tornar homem rastejando pelo chão*. Graças a cinquenta e oito entrevistas realizadas com homens de idades e meio sócio-geográficos diferentes, Pınar Selek conseguiu trabalhar as lembranças deixadas

---

19 Existe na própria Turquia, evidentemente, uma forte oposição ao Estado turco, assim como à instituição militar que constitui seu núcleo desde os anos 1920. No entanto, não posso discutir a vida política turca ou as questões curdas e armênias aqui, que vão muito além do meu propósito.

pelo serviço militar aos antigos recrutas e os discursos que as acompanham. Seu trabalho permite testar a dupla ideia do senso-comum de que: 1) os homens adquirem *individualmente* e dolorosamente sua *masculinidade* por meio da violência; e 2) que, se por consequência, eles se mostram violentos, isto se dá por conta de uma *reação individual, em parte errática*, pelo trauma sofrido.

De fato, uma primeira leitura dos dados pode induzir a pensar que a virilidade e a valorização que o serviço militar proporciona aos jovens homens turcos são adquiridas ao preço de uma brutalização particularmente traumática. Os traumas vividos, além de provocar, logicamente, compaixão, explicariam, sobretudo, o surgimento de bruscos episódios de violência descontrolados nesses jovens, que não seriam mais do que a reprodução e a consequência das violências às quais eles próprios teriam sido injustamente submetidos. Tal interpretação converge com certos discursos que, curiosamente, apresentam os homens como "as primeiras vítimas da dominação masculina".

Aqui, proporei uma análise que pode parecer próxima, mais é radicalmente diferente. Afirmo que a instituição do serviço militar, na medida em que submete certas pessoas a uma violência considerável, ainda que estritamente limitada no tempo, antes de lhes garantir o direito de exercer a violência sobre outras pessoas colocadas numa posição hierárquica mais baixa, produz uma coisa completamente diferente. Primeiro, ela constitui coletivamente essas pessoas em um *grupo social* que compartilha uma experiência comum, menos traumática do que marcante e sobretudo, formativa. Em seguida, veremos que a ênfase posta sobre a violência esconde a operação central, que consiste em tornar a *hierarquia* desejável para os recrutas, uma vez que lhes é garantida a progressão dentro desta hierarquia – e, sobretudo, o fato de que, abaixo mesmo do militar de menor ranque, sempre haverá pessoas colocadas ainda mais abaixo: as pessoas civis.

Após algumas observações sobre as condições de realização da pesquisa, apresentarei três níveis de leitura possíveis da instituição do serviço militar na Turquia. Seguiremos, de início, a pista clássica do serviço militar como mecanismo chave de socialização masculina. No entanto, tornando explícitas certas dissonâncias nisto que geralmente é tido como masculinidade, uma leitura mais atenta dos testemunhos compilados por Pınar Selek (2014) nos levara a nos perguntar se o objetivo central do serviço militar é mesmo a inculcação individual da virilidade. Em seguida, analisarei o papel da brutalidade e das humilhações no serviço militar, e, de modo geral, no aprendizado da violência. Serão os traumas que produzem a violência e as humilhações, que transformam jovens homens em brutos, a despeito de si mesmos? Além do fato de ser vitimista, ver-se-á que esta hipótese não permite explicar por que a violência não explode em qualquer momento. Ao contrário, é estritamente limitada a circunstâncias precisas: sempre dos "superiores" em direção aos "inferiores". Por fim, proporei uma reflexão estrutural sobre o serviço militar como aprendizagem e legitimação da hierarquia, e como um mecanismo chave na produção social de um grupo dominante.

UMA PESQUISA INOVADORA SOBRE OS ESPAÇOS EXCLUSIVOS AOS HOMENS

O serviço militar na Turquia

Como é sabido, com o desmembramento do Império Otomano, o novo Estado-nação turco dos anos 1920 foi construído, em boa parte, ao redor de seu exército, concebido como fonte de coesão, modernização e unidade nacional. O papel do exército foi ainda mais reforçado desde o golpe de Estado militar de setembro de 1980 e, depois, com o desenvolvimento da guerra contra as forças comunista e a resistência curda. A instituição militar é extremamente presente na vida cotidiana e, como dito, o serviço militar, rigorosamente obrigatório para os homens, é particularmente valorizado. A incorporação é um momento de impressionantes celebrações familiares e, às vezes, da aldeia toda.

Não obstante, ao cruzar a soleira do quartel, as jovens recrutas – coloquialmente chamados de *Mehmetçik* – caem em uma experiência abrumadora e total: primeiro afastamento do ambiente familiar para muitos, primeira e, às vezes última, oportunidade de sair de sua aldeia – ou, inversamente, para os moradores da cidade, de conhecer áreas rurais remotas. O serviço militar significa uma verdadeira mistura de etnias, classes e um turbilhão de coisas novas. Depois de um momento de júbilo, ou pelo menos de excitação no caminho, a entrada no quartel marca o início de três meses de "aulas" particularmente intensas e brutais. Ao fim destas "aulas", os jovens recrutas prestam juramento e recebem uma arma durante uma cerimônia solene, muitas vezes assistida orgulhosamente por suas famílias. Depois disso, restam-lhe ainda sete, nove ou quinze meses de serviço, no curso dos quais podem ser enviados a um verdadeira frente de batalha (no Leste, no Curdistão, particularmente), correndo, então, o risco bastante real de serem mortos ou de terem a obrigação de matar. Entretanto, à medida que sobem de grau, ou simplesmente se tornam mecanicamente "maiores", grande parte dos soldados se estabelece gradualmente em uma rotina na qual conseguem escapar das piores humilhações e das tarefas mais chatas.

Um "ponto de vista situado" no feminismo

Não é insignificante que as primeiras informações sociológicas sobre o serviço militar turco nos tenham sido fornecidas por *uma* socióloga, e, sobretudo, por uma pesquisadora *feminista*. Se, em outros países, muitas se deixam desencorajar pela dificuldade de acesso enquanto mulheres, à palavras honestas ou livres dos pesquisados sobre este "entre si-próprios", masculino por excelência, Pınar Selek soube buscar apoio em dois amigos que cumpriram o serviço militar para coletar a maior parte das entrevistas (ela mesma tem realizado um terço destas). Seu trabalho, então, é particularmente interessante na medida em que oferece um acesso, em parte vindo de dentro, a uma instituição mitificada, envolta em mistério e silêncios.

Este mergulho no outro lado do espelho revela experiências habitualmente dissimuladas ou apresentadas de modo edulcorado às pessoas civis, em particular às mulheres, quando não deliberadamente caladas, para preservar certos segredos entre dominantes – como Maurice Godelier (1982) reconheceu sem escrúpulos ter feito em sua célebre apresentação das iniciações masculinas entre os Baruya. É preciso notar aqui que, se Godelier procurava descobrir se existia ou não verdadeiras relações de exploração entre as mulheres e os homens Baruya (ele conclui que, em todos os casos, existia uma real dominação dos homens sobre as mulheres), seus dados enviesados foram retomados por certas correntes antifeministas para defender a ideia de que os homens seriam as principais vítimas da dominação – voltaremos a isso mais tarde.

PRIMEIRA LEITURA: O SERVIÇO MILITAR, INCULCAÇÃO INDIVIDUAL DA "VIRILIDADE"?

Numa perspectiva micro-sociológica ou psicológica, os testemunhos dos antigos recrutas parecem, num primeiro momento, oferecer uma descrição detalhada da construção daquilo que algumas pessoas chamam de masculinidade hegemônica (no caso, turca). Na continuidade da circuncisão obrigatória, o serviço militar aparece como a segunda etapa, paradigmática, da socialização masculina, que transforma cada indivíduo reputadamente nascido macho, em homem. Entretanto, as dissonâncias que aparecem rapidamente na masculinidade dos soldados nos levam à pergunta sobre se a instituição do serviço militar tem como real objetivo inculcar *individualmente* normas viris. A questão da sexualidade nos remete, antes, à pista da construção de um *coletivo* baseado na *exclusão de outros grupos*.

As armas e as lágrimas

O serviço militar é a ocasião para os homens jovens – e somente para eles – de ter acesso à armas e aprender a usá-las. Reforça os laços já estreitos entre os homens e estes temíveis objetos. Por um lado, o serviço militar constrói uma equivalência confusa entre mulher e arma: a arma confiada aos recrutas simboliza sua honra. Como suas próprias mulheres, eles as possuem inteiramente, dormem com ela e não devem cedê-las a ninguém. Estas observações convergem com aquelas da primeira pesquisa feita na França sobre a questão, onde Anne-Marie Devreux (1997) mostrou que os recrutas desenvolviam um forte imaginário a respeito de suas armas como mulher-companheira. Por outro lado, corroborando amplamente as análises de Paola Tabet (1998) sobre a monopolização das melhores ferramentas e armas pelos homens, os relatos recolhidos sublinham como o aprendizado sistemático do manuseio de armas durante o serviço militar cimenta o monopólio masculino do exercício da violência. Mesmo que os testemunhos revelem que quase a metade dos entrevistados já sabiam manejar um fuzil antes de seu serviço militar, essas armas não eram modelos tão letais, tendo sido usados às vezes, inclusive, para matar. Os relatos dos ex--recrutas também nos convidam a analisar o poderoso simbolismo da transmissão coletiva e solene dessas armas aos jovens homens pelos maiores que as usaram antes deles.

Não obstante, malgrado o orgulho de finalmente ser confiado um fuzil, mais de um jovem soldado sente, no curso da cerimônia de juramento, um sentimento não de potência, mas de *medo* diante da arma. As entrevistas trazem à luz várias outras reações "pouco masculinas" dos homens durante o serviço militar. Nos relatos dos *Mehmetçik*, o medo, as lágrimas e o sentimento de impotência afloram sem cessar. Os aspirantes sentem angústias, insônias, desmaiam de cansaço, choram frequentemente sem se esconder, como sublinha Selek. Os jovens soldados afirmam repetidamente, também, que os oficiais de maior cargo também choram, por exemplo, quando são "obrigados" a se mostrarem duros, batendo ou punindo severamente os recrutas. Estes não se ofendem com as lágrimas (escondidas, porém conhecidas), de seus superiores: pelo contrário, parecem-lhes um sinal de sua nobreza de alma e do amor paternal subjacente aos severos castigos que lhes impõem. Em geral, os soldados são bastante emocionais e pouco o dissimulam – o que é difícil de entender a partir de um quadro analítico que concebe a masculinidade como um conjunto rígido de traços considerados viris.

A questão "trans": reivindicar-se homem importa mais do que a aparência

Mesmo se, acerca deste ponto, o trabalho de Pınar Selek (2014) não faça mais do que abrir a reflexão – que demanda maiores relatos e análises – ele nos permite igualmente abordar a realidade das trans *M to F*[20] no exército por meio da história singular de Sofya[21]. No momento de sua incorporação ao serviço militar, Sofya possuía um pênis e, igualmente, seios bem desenvolvidos, vivendo da prostituição há alguns anos. Seus pais, que a consideram um menino, não perderam a esperança de que se torne um homem "de verdade", para se casar com uma mulher "de verdade". A própria Sofya se convenceu deste projeto e se esforçou para se adequar ao molde, indo para o serviço militar, como todos os meninos de sua idade. Assim, a despeito de seus seios, a posse de um pênis a autoriza a tentar provar que é um homem. Entretanto, poderia uma pessoa trans *F to M* não operada ser admitida ao serviço militar? Tudo leva a crer que não: as entrevistas repetem à exaustão, que ao chegar ao quartel,

---

20 É importante distinguir o sexo e o gênero inicialmente atribuídos às pessoas. As *M to F* (*Male to Female*) são pessoas que foram categorizadas como machos e, portanto, como homens, e que desejam serem classificadas como mulheres, mesmo que isso signifique modificar permanentemente seu corpo. Existe, de fato, uma infinidade de cenários. Para uma análise feminista e materialista da diversidade subjetiva e cultural das situações, pode-se consultar o trabalho de Nicole-Claude Mathieu (2013b), que explica claramente que certas sociedades ou grupos concebem as relações entre as noções de sexo e de gênero sobre um modo *naturalista* no qual o sexo (os órgãos genitais), determinam o gênero (modo I, dominante nas sociedades ocidentais), enquanto que outras sociedades tem desenvolvido um modo *culturalista*, no qual o gênero, mais importante que o sexo, é determinado pelo pertencimento a um coletivo masculino ou feminino (modo II).
21 Pınar Selek, que trabalhou extensivamente com pessoas homossexuais e trans de Istambul, aborda a questão sem sensacionalismo nenhum.

os jovens são obrigados a mostrar ao médico e a outros recrutas seu pênis circuncidado e seu púbis raspado.

Aqui aparece o primeiro índice que mostra que o serviço militar é uma instituição que reúne e unifica o grupo dos homens, apesar de sua diversidade, menos com base em uma homogeneização dos corpos do que pela adesão "moral" a uma certa ideia de masculinidade. Efetivamente, é somente quando Sofya renúncia finalmente à "se tornar homem", que sua arma lhe é retirada. O serviço militar não realmente obriga, portanto, a possuir ou desenvolver um corpo reconhecido como particularmente viril. Mas traz, sim, um grupo de pessoas escolhidas em base a critérios corporais arbitrários, a se dizerem "homens" e se fundirem dentro de um coletivo que aceita seguir certo percurso social.

A *exclusão das mulheres, mais importante que a heterossexualidade*

A questão dos homossexuais também esclarece as lógicas profundas do serviço militar turco. Estes são excluídos do serviço por lei, caso consigam *provar* sua homossexualidade – o que não é necessariamente uma coisa fácil. De fato, um certo número entre eles não pode, ou não deseja fornecer tais evidências. Ora, quando se calam e invisibilizam suas *práticas* e suas *atrações* homossexuais durante seu serviço militar, quando se reivindicam como homens, eles podem e devem participar dele. Certamente, violências particulares ameaçam as trans *M to F* e os homens homossexuais que desviaram de uma masculinidade heterossexual aparente. Entretanto, no momento em que parecem ser heterossexuais durante um tempo determinado, tanto as trans *F to M* quanto os homossexuais não são excluídos diretamente do serviço militar *como pessoas*, ao contrário do que acontece com outros grupos.

Um olhar atento permite mesmo constatar que, contrariamente a uma ideia muito difundida, não é exatamente a heterossexualidade viril que une os soldados. Na verdade, muitos dos jovens recrutas demonstram não saber nada, ou quase nada, em matéria de sexualidade, ainda que alguns sejam casados e pais de família. Podemos ver nisso o peso de uma ruralidade que implica um acesso mínimo à educação e às informações, bem como uma influência do pudor, do moralismo, da subdeclaração das práticas sociais reais, ou, ainda, de uma interpretação rigorosa da religião. Os testemunhos confirmam, por outro lado, que o serviço militar é a ocasião para que uma parte dos jovens homens tenham acesso a práticas relacionais e sexuais até então desconhecidas ou impraticáveis, particularmente por meio da prostituição. De fato, os soldados frequentemente visitam os bordéis, sozinhos ou em grupo (significativamente, depois de sua primeira visita se fala que eles se tornam "nacionais"). No entanto, contrariamente à ideia de uma banalização e de uma forte incitação à multiplicação das práticas (hetero)sexuais, diversos relatos trazem à luz diferentes formas de "respeito" às mulheres, ou à algumas delas. Alguns jovens protestam notadamente contra os espetáculos eróticos organizados pelos chefes para distraírem os soldados, ao passo que outros manifestam reticências em ter relações sexuais pagas com mulheres... de sua região.

Na verdade, Pınar Selek (2014) oferece pouquíssimos relatos de recrutas a respeito de suas práticas sexuais, sublinhando, ao invés disso, sua possível gabarolice – nos levando a perceber a cruel falta de dados estatísticos que poderiam nos permitir entender melhor as práticas sexuais reais dos recrutas[22]. Em qualquer caso, a análise atenta dos depoimentos nos leva a crer que a solidariedade entre os homens, embora implique a exclusão das mulheres, nem sempre se fundamenta sistematicamente em sua objetificação sexual ou em uma exacerbação de práticas heterossexuais, ao contrário do que é observado nos exércitos mistos da França[23] ou dos Estados Unidos[24].

Qual é a base, então, da unidade do coletivo militar? Não é, exatamente, a heterossexualidade: não parece que as práticas heterossexuais sejam sistematicamente fomentadas entre os jovens recrutas, e o serviço militar exclui as mulheres heterossexuais ao mesmo tempo em que inclui os homens homossexuais (contanto que suas práticas sejam invisíveis). Esta unidade também não repousa sobre a construção individual de uma aparência masculina, pois exclui as lésbicas "butch"[25], podendo incluir as pessoas trans *M to F* de aparência "feminina" que se identificam momentaneamente como homem. Como princípio, não se excluem as pessoas trans em geral (somente os *F to M* sem pênis e algumas *M to F*), nem os homossexuais em geral (somente as

---

[22] É de fato muito difícil saber se os soldados, ainda que reprovando certas práticas, não são trazidos à participar delas para não serem, eles próprios, violentados.

[23] Nos últimos anos, aumentaram as acusações formais de estupro contra militares franceses, tanto da parte de mulheres quanto de jovens homens pertencentes à população civil dos países em que estes soldados se encontram em missões (Ruanda ou República Centro-Africana, para citar apenas dois), assim como de seus próprios colegas soldadas.

[24] O exército estadunidense, por exemplo, é frequentemente posto em evidência pelas inúmeras violências sexuais que os soldados homens infligem sobre suas colegas mulheres. Até 26.000 estupros e abusos sexuais (entre todos os sexos combinados), foram relatados em 2016. Ver « *Les militaires violées de l'armée US photographiées par Mary Calvert* » (acessado 20 de agosto de 2016).

[25] No sentido mais comum, o termo *butch* designa as lésbicas de aparência "masculina".

práticas homossexuais e as aparências julgadas femininas). Ao contrário, são excluídas as mulheres como um todo – sejam elas heterossexuais, lésbicas, trans ou *butch* – e sem apelo. No fundo, a instituição militar turca repousa, então, sobre um pacto que reúne exclusivamente portadores de pênis, cuja grande diversidade (de corpos, de práticas sexuais, assim como de classe ou "raça") importa pouco, contanto que seus membros aceitem, por alguns meses, "jogar o jogo" *reivindicando-se como homens, em oposição às pessoas designadas como mulheres.*

A este ponto, é claro que uma leitura do serviço militar como uma instância chave de acesso individual à virilidade explica apenas de maneira imperfeita a persistência de atitudes e anatomias que podem ser consideradas como "pouco viris" entre os jovens. O que aparece, antes, é um acordo tácito entre pessoas com pênis para se inserir em um coletivo que se define sobretudo, não tanto pela "masculinidade" ou mesmo pela heterossexualidade, mas pela aceitação de um pertencimento comum baseado na exclusão sistemática de "outros".

O PAPEL DA VIOLÊNCIA NO SERVIÇO MILITAR

Uma violência considerável e seus efeitos

Mesmo que não seja específica ao serviço militar turco, a violência incessante, arbitrária e brutal que é infligida às jovens recrutas, particularmente durante seu primeiro período (o das aulas), constitui uma das lembranças mais salientes entre os ex-soldados.

A partir do primeiro momento na caserna, inicia-se uma violência cuja descrição é, por vezes, dificilmente suportável, exercida por aquilo que aparece como uma instituição totalitária que evoca prisões, hospitais psiquiátricos, ou mesmo campos de concentração. Todos os elementos da desumanização são utilizados, um após o outro: sistemático corte raso do cabelo dos jovens recrutas, exposição do corpo nu para exames "médicos", tratamento anônimo e impessoal (pela alcunha geral como *Mehmetçik*) e chuva de injúrias. Os uniformes grotescos, de tamanho inadequado, a aglomeração em lugares desconhecidos e a obrigação de usar uma linguagem hierárquica e despersonalizante, organizam a humilhação e o despojo da individualidade, provocando um sentimento de alienação pungente entre a maior parte dos recrutas. Os primeiros meses de aulas consistem em intermináveis passar listas de nomes, de pé na alvorada gélida, com humilhações incessantes e violência física permanente. Muitos evocam esse período com horror, enfatizando que a principal tática possível para a suportar consistiria, como rapidamente se deram conta, em "se tornar inteligente", ou seja, aceitá-la, baixando a cabeça e rastejando-se no chão.

Os relatos recolhidos são tão chocantes que não é difícil aderir à ideia de que essas violências possuíram efeitos traumáticos a médio prazo, e seriam suscetíveis a induzir um certo número de comportamentos duráveis. Para quem se interessa pelos efeitos psicodinâmicos da tortura[26], é particularmente significativo achar entre os recrutas um destes efeitos: a síndrome de "impotência adquirida", que é chamado também, e paradoxalmente, de "se tornar inteligente", que consiste em não reagir diante do insuportável, e se deixar brutalizar quando se está explicitamente em desvantagem na correlação de força.

É interessante analisar a racionalização pelos soldados das violências que lhes são infligidas. Como visto, um dos mecanismos de legitimação consiste, para as jovens recrutas, em pensar que a violência dos chefes de maior cargo exprimem um "amor" paterno e que é justificada por princípios superiores, como

---

26 Largamente descrito no capítulo precedente.

"manter a ordem" e defender a Pátria. O caráter "inevitável" da relação em que se exercem as violências e a legitimidade social dos abusadores, também desempenham um papel muito importante na organização da violência do serviço militar, em sua aceitação e em seus efeitos.

Não se deixar cegar pelas lágrimas dos homens

A constatação da importância considerável da violência pode conduzir a duas séries de interpretações. A primeira consiste em apiedar-se dos infelizes *Mehmetçik*, maltratados, violentados e machucados. Entretanto, esse olhar empático em direção aos jovens homens maltratados, quebrados, mesmo, por uma estrutura totalitária, pode conduzir a termos pena dos soldados, destacando sua humanidade enquanto esquecemos todo o contexto. Por exemplo, sublinha-se que os homens choram e, daí, deduz-se que as lágrimas significam que eles sofrem ainda que, *de fato, acabem por brutalizar uma jovem recruta*. Além do mais, é fácil cair da empatia à ideia de que os homens são vítimas, e daí, à piedade e à indulgência. Considerar os ex-soldados como traumatizados, vítimas de um efeito retardado dos abusos sofridos que, com o passo do tempo os levariam, apesar de si próprios, a reproduzir a violência, pode levar a compreendê-los, e até mesmo justificá-los, e finalmente pode constituir uma posição que normalice a violência que alguns logo irão exercer contra de seus subordinados no exército e, depois eventualmente na vida civil, como cônjuges, pais ou "homens". A ideia de violência como trauma *os absolve, ao menos parcialmente, de suas responsabilidades.*

Ora, esta leitura é precisamente aquela dos grupos masculinistas[27], grupelhos ultraconservadores particularmente barulhentos, que desenvolvem suas leituras vitimizantes, de início das violências e, depois, do conjunto de obrigações que a socialização dos homens lhes impõe, *sem conectar essas obrigações à aquisição de um status dominante*. Em sua interpretação, a violência, a homossociabilidade e o desenvolvimento de certas práticas homossexuais ocupam um lugar particular. Se apoiando notadamente no trabalho já mencionado de Maurice Godelier, *La Production des Grands Hommes* (1982), insinuam que a socialização dos homens nas sociedades ocidentais se assemelha à iniciação masculina entre os Baruya, na qual os homens mais velhos impõem aos mais jovens uma brusca separação do mundo das mulheres, uma violência súbita, brutal e aterrorizante, o aprendizado da dor e a ingestão repetida de esperma, no "entre si-proprios" da Casa dos Homens. Segundo eles, a virilidade seria produzida pela violência exercida pelos homens mais velhos sobre os mais jovens e pela manipulação homofóbica da homossociabilidade. As perspectivas masculinistas colocam a ênfase sobre o sofrimento dos jovens e apagam completamente a questão das mulheres. Ora, Godelier, ao contrário, enfatiza sobretudo a violência que os homens Baruya exercem coletivamente sobre as mulheres – sendo o objeto de seu livro justamente a análise dos recursos de dominação coletiva dos homens sobre as mulheres e a "produção social" de tal domina-

---

27 Para uma definição do masculinismo, ver a nota 11 da introdução do presente livro. Uma ilustração da facilidade de "escorregar" de uma posição crítica para uma posição complacente, é que toda uma corrente masculinista encontra historicamente sua origem em homens que se consideravam pró-feministas e progressistas, e se questionavam sobre seu "ser masculino", como o demonstram Blais & Dupuis-Déri (2008).

ção. Em realidade, o que Godelier traz à luz é a dupla *construção dos homens como classe social e como classe dominante*. Em franco crescimento na atualidade, os trabalhos sobre "masculinidade" ameaçam o tempo todo derrapar, involuntária ou deliberadamente, em leituras masculinistas que individualizam e desresponsabilizam os homens, tornando-os, inclusive, em vítimas. Umas das características destas leituras deformantes é a afirmação da existência de simetrias ou equivalências entre a experiências das mulheres, dos homens, dos homossexuais e das trans *M to F* – em geral invisibilizando os trans *F to M* e ignorando quase sempre as mulheres homossexuais e, mais ainda, as lésbicas políticas, no sentido dado ao termo por Monique Wittig[28] (2007 [1980]). No entanto, estes grupos são claramente hierarquizados na sociedade real, e definidos uns em relação aos outros pelas próprias relações de opressão. É preciso prestar atenção a essa armadilha ao lermos os relatos dos antigos recrutas. De fato, as pessoas dominantes também sofrem. Não se nasce homem e, para se tornar um, é preciso pagar sua cota, chorar e rastejar – mas este é um sofrimento que "vale a pena", como veremos. Ademais, a violência infligida às pessoas que serão logo dominantes, por outras pessoas dominantes, não possui senão uma semelhança superficial com aquela infligida pelo grupo dominante às pessoas dominadas.

Uma violência controlada e "pedagógica"

A leitura atenta dos relatos dos recrutas mostra que, na realidade, a enxurrada aparentemente arbitrária de brutalidade se-

---

28 Segundo Wittig, as lésbicas não são mulheres que se recusam a praticar o coito com homens, senão pessoas que negam-se a entrar em relações de apropriação individual e coletiva com os membros da classe dos homens. Para uma apresentação detalhada das análises lésbico-políticas, ver Falquet, 2009.

gue uma lógica friamente organizada. Existem regras precisas que impõem, de fato, certos limites. Sabiamente controlada, ela evoca um processo de condicionamento que podemos comparar, por exemplo, ao treinamento metódico dos *Kaibiles*, soldados contrarrevolucionários de "elite" dos anos 1980 na Guatemala (Ortega Gaytán, 2003). Baseado sobre uma primeira fase de humilhação e de violência, seguida de uma promessa de impunidade total, essa formação, que sintetiza os conhecimentos da OAS[29], das ditaduras do Cone Sul e do exército estadunidense (Robin, 2004), transforma os homens "normais", geralmente indígenas e camponeses, em terríveis assassinos, capazes a sangue frio de arrancar com os dentes a cabeça de um galo vivo só para traumatizar a população civil.

O trabalho da ativista-artista cubana-estadunidense Coco Fusco (2010), converge com essa perspectiva de análise. Profundamente chocada pela "revelação" da tortura exercida por mulheres em Abu Ghraib, Coco Fusco quis compreender como uma pessoa comum se torna uma torturadora quase profissional. Para se aproximar a verdadeiros profissionais, a pesquisadora seguiu um dos cursos de treinamento em resistência à tortura que alguns ex-soldados e policiais retornados do Afeganistão ou do Iraque oferecem, mediante pagamento, a representantes de diferentes ONGs e empresas que vão para países "perigosos". A experiência é edificante porque confirma que a melhor maneira de aprender a resistir à tortura é vivenciar os dois lados da situação.

Precisamente, o que os relatos dos *Mehmetçik* mostram é que, depois da cerimônia do juramento, os soldados rapidamente reciclam a experiência da violência a que foram submetidos para exercê-la, por sua vez, conscientemente, aos "novatos".

---

29 Organização Secreta do Exército (ver nota 6 na introdução do presente livro).

Longe da imagem de vítimas confusas por uma violência que reproduziriam *de maneira involuntária e errática*, estes homens se mostram, na maior parte das vezes, perfeitamente capazes não só de não serem violentos quando em posição subjugada, mas também de exercer a violência, por sua vez, contanto que seu lugar na hierarquia lhes confira a legitimidade necessária. Assim, a leitura psicologizante de uma violência incompreensível, que se sustentaria por si própria produzindo sequelas individuais que levariam logo a comportamentos violentos incontroláveis, não consegue dar conta das práticas reais de *exercício* ou de *abstenção* da violência. Permanecendo no nível puramente individual e comportamental, essa leitura mascara a organização de um verdadeiro treinamento para sofrer e, logo depois, para infligir violência, e sobretudo para controlar sua administração. Além do mais, ela desvia nossa atenção do ator que organiza esse treinamento: a instituição militar e, *in fine*, o Estado-nação, que defende interesses de classe, de "raça" e de sexo bem específicos.

A ACEITAÇÃO DA HIERARQUIA, CHAVE DA PRODUÇÃO DA CLASSE DOS HOMENS

Vejamos agora o que aparece quando tentamos ir para além das lágrimas dos homens. Ao cabo de três meses, como dissemos, os *Mehmetçik* deixam o estatuto de "novatos" para se tornarem verdadeiros soldados. Uma nova vida começa para eles, na qual podem descarregar-se das piores tarefas em uma nova geração de recrutas a quem eles, por sua vez, impõem aborrecimentos e intimidação. Mesmo que alguns tenham escrúpulos, no geral, é um mecanismo bem lubrificado, cuja operação funciona graças a renovação permanente dos soldados de base e a progressão previsível de cada um na hierarquia de comando, pelo simples efeito do tempo passado no exército.

A violência como instrumento para render a hierarquia desejável

Em seu livro, Pınar Selek insiste na importância da hierarquia como um dos aprendizados essenciais do serviço militar. Ora, é graças a um mecanismo em dois tempos que o serviço militar inculca aos jovens a *desejabilidade* – e, de um golpe, a legitimidade – da hierarquia. Destarte, isso é feito submetendo-os à violência brutal e massiva já analisada, que lhes dá o desejo de deixar a subalternidade o mais rápido possível, lhes fornecendo simultaneamente um conhecimento íntimo da violência que lhes será útil logo a seguir. Justo depois, a desejabilidade da hierarquia é reforçada ao lhes ser outorgado o direito de exercer, de maneira perfeitamente legítima, a violência sobre outros soldados, mais jovens; direito este que repousa em seu avanço automático na hierarquia. Dito de outra forma, sem hierarquia, não há esperança de escapar da violência, nem de poder exercê-la quando chegar sua vez!

No lugar de uma violência cega e incompreensível, vemos então aparecer diferentes papéis da *violência organizada* do serviço militar: ensinar a quem a vivencia a exercê-la; tornar desejável, para evitar a violência, a ascensão rápida na hierarquia, legitimando a própria hierarquia; e, além do mais, cegar os recrutas e as pessoas mantidas fora do serviço militar, sobre o que realmente se passa dentro da instituição.

A violência sofrida pelos jovens recrutas durante o serviço militar pode evidentemente deixar traumas profundos, como constatou mais de uma amiga, mãe, irmã ou companheira ao reencontrar um conscrito após seu período de serviço. Entretanto, estes traumas são indubitavelmente atenuados (em relação a outras situações), pela certeza de que a violência não é senão passageira e que ela é, apesar de tudo, controlada. Dissemos que a violência não é uma entidade transcendente que possui um sentido e efeitos universais e atemporais. Sofrer violências numa prisão clandestina, sabendo que ninguém ousará se aproximar e, menos ainda, te defender, produz certos efeitos na consciência. Se ver como uma pessoa que é forçada diariamente por seus pais, sua comunidade de pertencimento, ou uma autoridade religiosa, a retornar a morar com um cônjuge abusivo até que a morte os separe, produz outros efeitos. Bem diferente ainda, é saber que em três meses tudo terá acabado. Em alguns casos, pode-se esperar que a justiça ou organizações de direitos humanos emprestem seus ouvidos, em outros, há todas as razões para antecipar a humilhação advinda por parte da polícia e da justiça, ou, inclusive a deportação para quem é, por exemplo, uma esposa migrante sem documentos que precisa do apoio legal do marido para obter-os: o efeito da violência, entretanto, não é o mesmo em cada caso.

Vinculações entre hierarquia, isenção de tarefas tediosas, vida civil e vida profissional

A sobre-visibilização da violência a qual se queria escapar a qualquer preço, também pode esconder um outro mecanismo chave do desejo de progredir na hierarquia: a isenção das tarefas que, na vida civil, são chamadas de "trabalho doméstico". Encontramos aqui, de novo, certos elementos analisados por Devreux (1997). A socióloga não deixou de se surpreender com o aparente paradoxo que quer que os homens realizem no exército tarefas que eles "nunca" fazem de graça na vida civil: cozinhar, lavar suas roupas à mão, arrumar as camas ou varrer diligentemente. Devreux utiliza o mesmo tipo de quadro de análise que Godelier (1982): não se interessa pela inculcação individual de uma "masculinidade" que, afinal, é difícil de definir, mas estuda a produção social e coletiva dos homens como dominantes. Por esse motivo, a autora constata que os soldados aceitam com menos dificuldade cumprir essas tarefas humilhantes, já que são assimilados às tarefas domésticas tidas como femininas, por saberem que isso é apenas um parêntese em suas vidas. Na realidade, quando estão de licença, os soldados acham totalmente natural confiar novamente suas roupas sujas a suas mães/companheiras/irmãs. Sobretudo, Devreux sublinha que, dentro da instituição militar, se liberar destas tarefas forçando soldados menos graduados a realizá-las, constitui uma motivação potente para tentar progredir na hierarquia.

Finalmente, a aprendizagem da hierarquia entre homens – o conhecimento preciso do lugar que cada um ali ocupa e das formas de ascensão, às vezes simplesmente pela passagem do tempo – pode ser facilmente mobilizada e constitui pelos homens uma "vantagem" em outras áreas da vida social, em particular na vida profissional. A feminista dominicana Magaly Pineda sugeriu certa vez que a prática assídua do futebol, esporte coletivo, fixava entre os meninos hábitos de ação coletiva eficaz, cada um ocupando seu lugar, hábitos estes que eles poderiam, facilmente, reciclar em outros espaços[30]. Por sua vez, Andrée Michel (2012) mostrou a existência de elos profundos entre a organização do trabalho civil e as necessidades do sistema militar-industrial, sendo, por exemplo, a taylorização do trabalho civil induzida

---

30 Intervenção em uma oficina de reflexão feminista, em São Salvador, novembro de 1993.

pelas lógicas de produção da indústria militar[31]. Em todo caso, a aquisição de um conjunto de qualificações técnicas, mas também de saberes (em particular a docilidade e o conformismo, enquanto não é possível progredir na hierarquia), por meio do serviço militar, acaba sendo extremamente importante para *a inserção privilegiada dos homens no mercado de trabalho*.

Produzindo os homens como uma classe de sexo

Conforme sabemos desde que Colette Guillaumin (2016) formulou sua crítica fundadora ao naturalismo, mulheres e homens não são categorias naturais, mas construtos sociais e, de modo mais preciso, classes de sexo ou classes sexuais[32]. Como já sublinhou Flora Tristan no século XIX, ao afirmar que as mulheres também deviam "fazer seu 1789" e se estruturar enquanto classe (Tristan, 1986)[33], uma das grandes dificuldades das mulheres é adquirir uma consciência comum. Geralmente separadas umas das outras em unidades familiares pequenas, por vezes em concorrência, as mulheres têm poucas ocasiões, nas sociedades ditas complexas (modernas ocidentais), de vivenciar experiências coletivas e exclusivas que as unam. Para os homens, ao contrário, o serviço militar, como nos mostra Pınar Selek, se revela uma peça central do dispositivo que os transfor-

---

31 Sua análise do sistema militar-industrial (SMI), ou, de modo mais exato, do complexo "burocrático-financiário-militar-industrial", desvela como um "pequeno clube de homens brancos velhos e ricos" impõem seus interesses ao conjunto da sociedade (francesa, no caso de sua demonstração).

32 Estas duas classes são dialeticamente ligadas pelas relações sociais de sexo, organizadas, neste caso, pelas relações de sexagem, ou apropriação física direta, individual e coletiva, do grupo qualificado de "mulheres" pelo grupo auto-denominado "homens" (Guillaumin, 1991).

33 Ver também, sobre este assunto, o trabalho teórico de Elsa Galerand (2006) sobre a mobilização de um coletivo de "mulheres" no quadro da Marcha Mundial das Mulheres, Federação Internacional de Mulheres.

ma em membros de uma classe de sexo unificada, consciente de si – e dominante.

Deste modo, o serviço militar permite, primeiro, reunir materialmente os homens e uní-los simbolicamente em uma ideologia patriótica comum altamente valorizada, sob os olhos comovidos das famílias. O serviço militar lhes permite momentaneamente ultrapassar suas profundas diferenças de classe e de "raça". O que importa é criar uma unidade aparente, organizada aqui ao redor de um critério somático preciso: todos os portadores de pênis, e somente eles, são potencialmente admitidos neste grupo, desde que façam um esforço de adaptação-simulação-conformidade durante alguns meses. A exclusão radical e sistemática das mulheres define "em negativo" a classe dos homens e, acima de tudo, lhe dá significado. De fato, é a existência das mulheres e sua simultânea exclusão que tornam aceitável, para os homens, sua passagem necessária nos ranques dos "novos recrutas". Efetivamente, os homens podem aceitar passar um momento no escalão mais baixo da classe dos homens porque eles sabem pertinentemente que há, ainda, pessoas abaixo deles – o conjunto das mulheres. Isto torna esse período bastante breve (o momento inicial das "classes", noventa dias em toda uma vida), ainda mais suportável. Esta ideia converge com o que Paola Tabet denominou de a *grande fraude*, demonstrando que mesmo o mais miserável e dominado dos homens, quase sempre encontra a possibilidade de, ao menos, se comprar uma puta[34].

Em resumo, a instituição do serviço militar promove: 1) a inculcação aos homens da legitimidade da hierarquia; 2) sua unificação dentro de uma classe de sexo em que cada um acei-

---

[34] Em geral um membro da classe feminina e, mais raro, um homem socialmente feminilizado.

ta seu lugar, pois; 3) esta classe de sexo é criada pela exclusão do conjunto das mulheres, que se encontram *de facto* ao nível "menos um" da hierarquia social, abaixo do homem posicionado no mais baixo nível da hierarquia masculina. Esta hierarquia, reinvestida pelos homens no mercado de trabalho e na vida política e social, lhes permite, também (o que está longe de ser desprezível), de se isentarem coletivamente de muitas tarefas desvalorizadas, ligadas à reprodução social cotidiana. Isto é, provavelmente, o que explica que, malgrado as cenas dantescas de violência e arbitrariedade que pontuam os relatos dos entrevistados, haja tão pouca resistência. Por quê se opor a uma instituição que lhes promete, após algumas provações, uma vida de privilégios? Uma vez passada a formação militar, malgrado e, mesmo, por causa de suas inconveniências, os jovens homens saem prontos para ocupar uma posição dominante relativamente às mulheres e aos "reformados[35]", tanto na vida familiar quanto na profissional.

**

Observando e analisando o serviço militar na Turquia, constatamos algumas coisas capitais. Em primeiro lugar, que a violência é algo tão pouco natural que é preciso ensiná-la e aprender, segundo as circunstâncias, a exercê-la de tal modo ou tal outro, ou a se abster de exercê-la. Mesmo que existisse (ou faltasse), uma "pulsão natural", o caso do serviço militar turco mostra bem que custe o que custar, em certas posições não se recorre à violência para responder às agressões, enquanto em outras, ela é exercida resolutamente para "manter sua posição hierárquica", mesmo

---

[35] Reformados quer dizer os recrutas que não tenham sido considerados aptos para o serviço militar.

que logo depois, se chore discretamente. Temos confirmado que o exercício da violência é o objeto de um aprendizado institucionalizado, planificado, sistemático e coletivo, do qual o serviço militar é, ainda hoje, uma peça-chave em diversos países.

Igualmente, temos constatado que, contrariamente ao que afirma o "senso comum", a violência não tem nada de particularmente "masculino". Ela também não produz "virilidade", nem nos corpos, nem no caráter, nem nos comportamentos. Para se descobrir isso, foi necessário se distanciar resolutamente das perspectivas micro-sociológicas bem como das afirmações ingênuas ou voluntariamente masculinistas – em particular, da ideia de inculcação individual da masculinidade. Realmente, os "traços de caráter" ou os comportamentos que por vezes são classificados como "viris", são eminentemente relativos e em câmbio perpétuo segundo a situação: chorar pode ser viril entre os chefes militares; se mostrar "passivo" pode ser um sinal de "inteligência" em sintonia com o aprendizado dessa "masculinidade".

O fato de que o serviço militar turco concerne exclusivamente às pessoas designadas como homens não deve nos cegar: em muitos outros casos, a violência pode também ser exercida em toda legitimidade por pessoas socialmente consideradas como mulheres. A deusa Atena, por exemplo, Aícha no mundo muçulmã ou Kahina na África do Norte, ou as Amazonas do Daomé no século XIX, das quais Sylvia Serbin (2004) narrou a epopeia; as resistentes armadas europeias da Segunda Guerra Mundial, resgatadas do esquecimento por Ingrid Ströbl, as dezenas de milhares de mulheres mais ou menos anônimas implicadas nos combates nacionalistas ou revolucionárias de todas as épocas[36] estão aí para provar. Mais recentemente, os exérci-

---

36 Eu mesmo consagrei uma boa parte de minhas pesquisas a este tema, primeiro em El Salvador, depois no México. Cf., por exemplo, Falquet, 1997, 1999.

tos oficiais escolheram incorporar resolutamente as mulheres: os casos da França, dos EUA ou de Israel o mostram claramente, assim como a promoção pelo próprio exército de mulheres torturadoras, treinadas, pagas e às vezes ascendidas como tais, como pudemos vê-lo em Abu Ghraib. Finalmente, enquanto houver necessidade de "massificar" as lutas, surpreender ou aterrorizar, o exercício da violência pode ser exigido por parte de crianças de ambos os sexos, a partir dos seis ou sete anos.

Assim, a violência não é masculina no sentido de que não pertence aos homens. Ela não produz masculinidade e ela não é inerente ao ser humano (seja a capacidade de exercê-la ou o fato de exercê-la). A violência é *ensinada* a certos grupos sociais aos quais toda ou uma parte da sociedade atribui o privilégio de seu exercício legítimo.

Temos observado mais precisamente aquilo que se passa durante o serviço militar. Um conjunto de pessoas bem específicas primeiro são constituídas como um grupo especial, por meio da exclusão explícita e sistemática de outras pessoas. Este grupo aprende técnicas e conhecimentos particulares, dos quais o exercício da violência faz parte, como mais uma matéria. Sobretudo, o que temos deixado claro, é que a violência constitui igualmente um *instrumento para inculcar outra coisa*. Exercida e regulada de maneira muito precisa e segundo regras conhecidas por todos, com um grau de brutalidade variável e amplamente previsível no tempo, a violência permite *criar a adesão ao princípio de hierarquia e sua desejabilidade*. De fato, é a progressão dentro da hierarquia que permite deixar de vivenciar uma violência insuportável.

Enfim, se, no caso da Turquia atual existe uma forte sobreposição – ainda que sempre incompleta – entre o coletivo das pessoas socialmente designadas como machos e aquelas que o serviço militar transforma em grupo dominante, isto é, nos termos do feminismo materialista, em *classe de homens*, conscientes de seus interesses e de seus privilégios, garantidos pelo Estado – isso não deve de forma alguma nos cegar para o fato de que a violência é um instrumento suscetível de ser posto em quaisquer mãos. A composição do grupo dominante assim constituído pode incluir qualquer tipo de ser humano, de maneira perfeitamente arbitrária.

capítulo III

Os feminicídios de Ciudad Juárez e a recomposição neoliberal da violência[37]

Como consequência da grande publicidade internacional dada à desaparição e ao assassinato, em circunstâncias particularmente sórdidas, de centenas de mulheres na cidade mexicana de Ciudad Juárez, o conceito de *feminicídio* – a saber, o "assassinato de uma mulher, de uma menina, em razão de seu sexo", segundo o *Petit Robert* de 2015 – conheceu um sucesso considerável nos últimos anos. O termo foi retomado de maneira entusiasmada e muito diversificada por inúmeros grupos feministas e, também, por instituições internacionais e legisladores de diversos países a fim de elaborar políticas públicas e leis contra a violência dirigida às mulheres.

Historicamente, o conceito de feminicídio de algum modo expande o termo em inglês *femicide*, proposto pela primeira vez em 1992 por Jill Radford e Diana Russel, que deram continuidade às análises do movimento feminista formalizadas por Liz Kelly (1988, 2000), e que demonstravam a existência de um

---

[37] Uma primeira versão deste texto apareceu em 2014 na revista *Contretemps* sob o título "*Des assassinats de Ciudad Juárez au phénomène des féminicides: de nouvelles formes de violences contre les femmes?*", acessível online, assim como sua versão em espanhol: "*De los asesinatos de Ciudad Juárez al fenómeno de los feminicídios*" – última consulta em 17 de agosto de 2016.

verdadeiro *continuum* de violências masculinas contra as mulheres, já exposto, em 1977, nos trabalhos de Hanmer e, sobretudo, com o primeiro Tribunal Internacional de Crimes Cometidos Contra as Mulheres, organizado pelo movimento feminista em Bruxelas em 1976 (Horton, 1976). Nesta perspectiva, o feminicídio, ou homicídio de mulheres, constitui o ponto extremo de um conjunto de violências exercidas pelos homens, que vão desde as mais diversas agressões emocionais, físicas ou materiais, individuais e/ou estruturais, até o assassinato, passando pelo infanticídio de meninas, a seleção pré-natal de embriões ou diversas formas de maltrato médico.

O presente capítulo retorna ao conceito de feminicídio abordando, primeiro, sua progressiva (re)aparição a partir de diversas análises dos eventos de Ciudad Juárez e, depois, os avanços que representa, mas também seus limites e aberturas. De fato, ainda que certa confusão se tenha desenvolvido ao redor do alargamento do conceito, importantes pistas de reflexão foram demarcadas, em particular a partir da América Latina e do Caribe. Nos distanciando de uma perspectiva universalizante e atemporal acerca do feminicídio, à qual, paradoxalmente, chegam certas análises focadas na dimensão puramente misógina do fenômeno, e a partir de certos assassínios feminicidas de Ciudad Juárez, iremos nos orientar em direção a uma reflexão sobre a reorganização neoliberal da violência, que nos trará novas perspectivas sobre o próprio neoliberalismo.

Em realidade, aquilo que se produz atualmente no México, nomeadamente, a escalada exponencial de diferentes formas de violência, especialmente contra as mulheres, é de grande importância para compreender a atualidade global. Lembremo-nos que o México, membro da OCDE (Organização para a Cooperação e Desenvolvimento Econômico), constitui um território decisivo para o avanço planetário do neoliberalismo, dado seu papel chave na construção da hegemonia estadunidense. Historicamente, o país é um reservatório de matéria-prima agrícola, mineral, energética e laboral, absolutamente determinante para seu vizinho imperialista – uma situação cuja entrada em vigor do Tratado Norte-Americano de Livre Comércio (NAFTA) entre os EUA, Canadá e México, em 1994, não fez mais que reforçar e oficializar. A fronteira norte do México, sobretudo, onde se situa Ciudad Juárez, é particularmente emblemática das lógicas de industrialização e, posteriormente, do desenvolvimento de zonas francas características do neoliberalismo. Ela ilustra com particular clareza a forma de fazer trabalhar diferentes categorias de mão-de-obra, especialmente pessoas migrantes e mulheres, geralmente proletarizadas e racializadas – ou seja, o tipo de pessoas que, precisamente, são o alvo central dos feminicídios em Juárez.

***

De início, quero recordar alguns elementos contextuais e definidores dos feminicídios, a partir de assassinatos ocorridos em Ciudad Juárez, bem como de trabalhos realizados pelo movimento feminista. Veremos em seguida, que o(s) feminicídio(s) constituem uma "nova" forma de violência específica do neoliberalismo, conforme se desenvolve no México atual, para o qual é útil e, também, do qual é uma consequência pouco estudada da longa história de controle político-militar particular no país. Por fim, após sublinhar certas semelhanças com a aparente escalada de violências assassinas contra as mulheres em outras situações de pós-guerra ou de pós-ditadura no restante do continente latino-americano, proporei diversas pistas para o aprofundamento da reflexão.

O desenvolvimento dos assassinatos de mulheres em Ciudad Juárez

Nossa concentração aqui será sobre os seis anos de mandato do presidente Zedillo (1994-2000), que viu a entrada em vigor do Tratado de livre comércio com os EUA e o Canadá, a aparição, no sul do país, em Chiapas, da rebelião indígena zapatista e, no norte, em Chihuahua, a construção do poder do PAN[38], partido que ganhou as eleições federais em 2000, levando a cabo um período de sessenta anos do PRI no poder. É precisamente ao longo deste período[39] que na capital do estado de Chihuahua, Ciudad Juárez – cidade fronteiriça emblemática da migração para o Norte, da industrialização e da urbanização espontânea[40]

---

[38] O Partido da Ação Nacional (PAN), representa uma tendência nacionalista e cristã. O Partido Revolucionário Institucionalizado (PRI), verdadeiro partido de Estado, esteve no poder continuamente desde a revolução do começo do século XX até o ano 2000.

[39] Por motivos de espaço, não foi possível falar aqui da explosão de violência por conta da "guerra contra o narcotráfico" lançada pelo PANista Calderón desde o início de seu mandato, em 2007. Essa verdadeira guerra interna levou a pelo menos 125 mil pessoas mortas e 20 mil desaparecimentos (até 2016), ou seja mais do que as ditaduras chilena ou argentina. O retorno ao poder do PRI em 2012, com a vitória de Peña Nieto, complexificou ainda mais a situação de violência interna, com a aparição de mais carteis de narcotráfico, bem como de grupos de autodefesa civil (que se opõem aos narcos, enquanto são atacados pelo governo).

[40] Com sua longa história como espaço de circulação, tráfico e contrabando, mas também de distração masculina binacional (álcool, jogos, prostituição), e, depois, como epicentro de um importante desenvolvimento industrial nas portas do mercado estadunidense, a fronteira norte progressivamente se tornou um polo de atração. Durante o "milagre mexicano" (1930-1970), a população do país triplicou enquanto a das cidades fronteiriças quintuplicou (Labrecque, 2012). O caso de Ciudad Juárez – com todas as suas especificidades – ilustra

começa a se assinalar, em 1993, uma série de assassinatos particularmente marcantes. Encontram-se cadáveres de mulheres jovens, às vezes mal saídas da adolescência, trazendo marcas de terríveis violências sexuais, estupro e torturas. Certos corpos são mutilados, desmembrados ou, então, largados nus, às vezes em grupos, no deserto, em meio a terrenos baldios ou de dejetos, projetando uma imagem macabra de barbaria deliberada (González Rodríguez, 2002; Washington Valdez, 2005).

bem essa história. A cidade já tinha um status de zona franca entre 1865 e 1905. Ali se instalou uma grande quantidade de cassinos e bordéis, tão lucrativos que se mantiveram malgrado o fim do status de zona franca, chegando mesmo a conhecer um reganho de atividade durante a Proibição e a "lei seca" imposta nos Estados unidos (1919-1933). Com uma população de 100 mil pessoas em 1942, até o fim dos anos 1960, a cidade desenvolveu uma importante atividade industrial, então orientada ao mercado interno, com capital mexicano. As usinas de montagem (*maquiladoras*) empregavam por volta de 2 mil pessoas em 1969, mas grandes quantidades de migrantes se instalaram nos bairros precários, rapidamente contando por mais da metade da população (225 mil dos 400 mil habitantes, segundo Labrecque). Entre os anos 1950 e 1970, esta população é, em sua maior parte, composta por mulheres rurais pouco escolarizadas vindas do restante de Chihuahua e de estados vizinhos e encontram trabalho na indústria, ou, então, no trabalho doméstico. A partir dos anos 1970, o Programa Nacional de Fronteira (PRONAF) começa a privilegiar a indústria de montagem para a exportação, particularmente atraente para os investidores estadunidenses (Labrecque, 2012). A partir de 1965, as *maquiladoras* começam a favorecer o recrutamento de mulheres (Monárrez Fragoso, 2005), demovendo os homens neste segmento do mercado de trabalho. Uma inversão importante se opera nos anos 1980, quando havia nada menos que 168 fábricas maquiladoras em Ciudad Juárez, com a chegada de grandes contingentes de homens do centro e do sul do país. A força de trabalho se masculiniza: de 260 homens para 1000 mulheres nas *maquiladoras* em 1982, contam-se 820 homens para 1000 mulheres em 1993. Assim, mesmo que as mulheres permaneçam maioria no emprego industrial, seu peso relativo decresce consideravelmente no último decênio do século xx. O ano 2000 constitui o momento culminante do desenvolvimento das *maquiladoras* em Juárez: 330 usinas empregam, agora, 262 mil pessoas dos 1,2 milhão de habitantes da cidade, o que representa um terço dos empregos alocados nas *maquiladoras* mexicanas (Labrecque, 2012). O crescimento demográfico de Juárez, que triplicou em trinta anos até atingir 1,3 milhão de pessoas em 2000, começa então a desacelerar, preparando-se para um declínio.

Ao longo dos meses e anos, desaparecimentos e assassinatos se multiplicam. As famílias que buscam suas desaparecidas ou, então, que vem para reconhecer os corpos, se chocam com a negligência, com o desprezo mesmo, e com a violência da polícia. Os documentos, as provas e mesmo os restos mortais são misturados ou perdidos. As pessoas que denunciam um desaparecimento são insultadas, ameaçadas e, por vezes, elas mesmas questionadas. Diante da atitude das autoridades, grupos de mulheres, notadamente mães, mas, também, famílias e o próprio círculo de amizade, se organizam para demandar justiça[41], organizando marchas e campanhas para chamar a atenção para o fenômeno e exigir respostas, que são rapidamente apoiadas pelo movimento feminista e pelas organizações nacionais de direitos humanos. Presenciam-se algumas prisões "espetaculares" de suspeitos que têm, acima de tudo, as características de vítimas expiatórias ideais – dois condutores de ônibus, um "egípcio" vindo dos EUA, ou mesmo o irmão de uma vítima que investigou um pouco demais a delegacia. Rapidamente, os condutores de ônibus mostraram à imprensa seus corpos cobertos de queimaduras de cigarro, enquanto a sua advogada descrevia as ameaças de morte que ela própria recebia, tendo se tornado alvo de ataques (Washington Valdez, 2005). Apesar dessas prisões, os assassinatos continuam. O medo se instala entre muitas mulheres. Convocadas a reagir, as próprias autoridades culpabilizam as vítimas, acusando-as de serem fugitivas ou prostitutas e minimizando os fatos. O governador do estado de Chihuahua

---

[41] Há uma abundante literatura sobre os numerosos grupos de luta contra os feminicídios que foram criados, em Ciudad Juárez e no restante do país, a despeito das fortes ameaças sofridas pelas militantes, das quais algumas são assassinadas. Confira, por exemplo, os sites das duas principais organizações, a Casa Amiga <www.casa-amiga.or> e Nuestras Hijas de Regreso a Casa <www.mujeresdejuares.org>.

à época, Francisco Barrio (1992-1998), afirma que as vítimas "saíam para dançar com muitos homens". Além de insinuar, a respeito de uma menina de dez anos que fora assassinada, que sua dentição, marcada por cáries, denotava a "desintegração e negligência da família", e sustentar que as cifras dos assassinatos de mulheres e meninas eram "normais" (Ruiz, 2003).

Diante da brutalidade dos crimes e do mistério que circunda seus autores, as interpretações mais diversas vêm à luz (Ravela Blanca & Domínguez, 2003). Certas delas argumentam que os desaparecimentos e assassinatos podem servir à realização de *snuff movies*[42] ou ao tráfico de órgãos. Várias vozes sublinham que a violência é permitida pela vulnerabilidade das mulheres pobres, notadamente as operárias das *maquiladoras* que, após o término do serviço noturno nas usinas, precisam retornar para casa nos bairros mais afastados às quatro horas da manhã. Inexistem transportes e iluminação que sejam públicos e os (eventuais) ônibus das usinas, as deixam bem longe de seus barracões, sozinhas na escuridão. Outras vozes relembram friamente que os bairros dos bares no centro da cidade são repletos de homens pouco recomendáveis, e que a vida noturna é sinônimo de múltiplos perigos: aquelas que lá trabalham sabem que o fazem por sua própria conta e risco. De maneira mais global, as características de Ciudad Juárez são frequentemente evocadas para argumentar sobre a existência de um tipo de violência urbana anômica que tem como fundo a grave crise econômica e social. A causa de tudo deveria ser buscada na urbanização caótica, na delinquência comum e nos efeitos colaterais do narcotráfico, cujo enraizamento começa a se tornar evidente no fim dos anos 1980, se reforçando de modo constante ao longo

---

42 Filme, geralmente pornográfico, mostrando torturas e mortes reais, ou apresentadas como tais.

dos anos 1990, particularmente ao redor do cartel de Juárez, em mãos dos irmãos Carillo Fuentes[43]. A negligência e a corrupção, características geralmente atribuídas à polícia, trazidas aqui ao seu auge, permitem imaginar diferentes formas de concussão. De fato, o *modus operandi* de uma parte dos crimes (que implica lugares discretos de sequestro e assassinato, conservação de corpos durante períodos indeterminados e, mais tarde, seu transporte a grandes distâncias), indica que são realizados por bandos bem-organizados que dispõem de muitos cúmplices.

Ao longo do mandato de Francisco Barrio (1992-1998), além de outros assassinatos de mulheres que ocorreram no mesmo período, nada menos do que oitenta mulheres foram assassinadas seguindo o mesmo procedimento (estupro seguido de estrangulamento ou ruptura da nuca), na maioria das vezes, operárias com idade entre os quinze e os dezenove anos[44]. Em realidade, as cifras são difíceis de serem obtidas e demandam cautela, pois nem a polícia local, nem as autoridades de Chihuahua, ou mesmo as autoridades federais se mostram capazes de fornecer dados consolidados e unificados[45]. As informações recolhidas pelas associações, a despeito dos meios

---

[43] Historicamente, o cartel de Guadalajara é um dos primeiros do México. Quando aconteceu sua cisão, em 1989, o futuro *chapo* Guzmán funda o cartel de Sinaloa, enquanto a família Arellano Felix cria o cartel de Tijuana. Ciudad Juárez se torna um local de primeira importância após o declínio de Tijuana como corredor de passagem de drogas. A partir de 1993, a cidade passa para o controle dos sinaloanos, em torno aos irmãos Carrillo Fuentes, que criam o cartel de Juárez. Preso em 1989, mas solto por falta de evidências, Amado Carrillo Fuentes, alcunhado "o senhor do céu", por conta de sua frota de vinte e cinco aviões, se torna um dos homens mais ricos do mundo graças a uma considerável rede de cúmplices na polícia e no exército.
[44] Segundo dados da ONG mexicana Elige, que fazia parte da campanha "Ni uma muerta más".
[45] Se, por um lado, as pesquisas se multiplicaram a partir dos anos 2000, por outro, ainda não existe um acompanhamento oficial e unificado.

frágeis dos quais dispõem e das ameaças que recebem, tanto quanto as informações colhidas por pesquisadoras, parecem ser as mais fiáveis, e por muito. Apoiando-se em sua própria base de dados, Julia Estela Monárrez Fragoso (2006 a), que redigiu no Colégio da fronteira Norte uma tese sobre os feminicídios e se encontra hoje entre as maiores especialistas da questão, contabiliza 382 mulheres e meninas assassinadas entre 1993 e 2004. A antropóloga quebequense Marie-France Labrecque (2012; 2014), por sua vez, contabiliza 941 feminicídios entre 1993 e 2010[46]. Entretanto, quais são os assassinatos que deveriam de ser qualificados como feminicídios e, além disso, o que são, exatamente, os feminicídios?

Primeiras definições e diversidade dos feminicídios

Marcela Lagarde, antropóloga e feminista mexicana reconhecida, que viaja a em Ciudad Juárez a partir de 1996 (Devineau, 2012), será com as editoras da *Triple Jornada*[47], uma das primeiras em propor um quadro claramente feminista para a compreensão do fenômeno. Eleita deputada em 2003 pelo PRD (Partido da Revolução Democrática, de "esquerda"), Marcela Lagarde é escolhida pela assembleia legislativa para encabeçar a Comissão Parlamentar de Inquérito sobre os feminicídios, que trabalha em dez dos estados da República Mexicana, entregando seus resultados em 2006. Conceitualmente, ela se apoia sobre o trabalho de Jill Radford e Diana Russell, *Femicide: the politics of woman killing*, publicado em 1992 e que constitui a primeira antologia sobre o assassinato de mulheres em razão

---

46 A violência irrompeu ainda mais forte durante o mandato de Calderón (2006-2012).
47 Suplemento feminista do jornal *La Jornada*.

de seu sexo. Ali, diferentes autores analisam, em países e épocas muito diversas, os elos estruturais entre o ódio misógino, as violências sexistas e o assassinato de mulheres. Lagarde (2006) retoma o termo em inglês *femicide*, proposto por Radford e Russell (1992). Só que considerando que, em espanhol, o termo *femicídio* evocaria um tipo de simetria feminina do homicídio, ela prefere traduzi-lo pelo termo "feminicídio" (*feminicídio*). Lagarde também o torna um conceito específico[48], caracterizado por duas dimensões: 1) trata-se de um crime de gênero, misógino, motivado pelo ódio às mulheres, e que desfruta de uma grande tolerância social; 2) o Estado desempenha um papel central em sua impunidade, o que será uma de suas maiores características (Devineau, 2012). Ainda que seu uso não esteja realmente estabilizado, nem em espanhol[49], nem em francês[50], assumirei aqui o termo feminicídio, menos por adesão estrita à teorização de Lagarde – veremos que a análise que se pode fazer

---

48 Ela proporá a criação de uma definição jurídica específica para este crime.
49 Na Costa Rica, Montserrat Sagot e Ana Carcedo, que trabalham há muito com a violência contra as mulheres, prefeririam o conceito de *feminicídio* para "respeitar" à escolha inicial de Radford e Russel, mesmo que proponham logo categorias específicas: mulheres assassinadas por seus companheiros/no contexto da vida familiar/no contexto de uma agressão sexual/com sinais de tortura, violação, marcas sobre os corpos ou mutilações/encontradas nuas em situação de anonimato. Uma grande parte das pesquisadoras e ativistas centro-americanas também fizeram essa escolha. Sagot e Carcedo, que trabalharam também com o conceito de "cenas" de feminicídio (de casal, familiares...), notam a aparição de novas configurações ao fim dos anos 2000: tráfico de pessoas, assassinato de mulheres migrante, exploração sexual comercial (Sagot & Carcedo, 2002; Devineau, 2012).
50 Em abril de 2014, a Comissão geral de terminologia e neologia (Delegação geral para a língua francesa e para as línguas de França, Ministério da Cultura), realizou audições com especialistas acerca das violências cometidas contra as mulheres e, em particular, a respeito da tradução dos termos (espanhol e inglês): *feminicídio/feminicide* e *crimen de género/gendercide*.

do fenômeno é complexa – do que por permitir efetivamente evitar a armadilha da simetria homicídio/femicídio.

Por sua vez, e procurando a maior clareza, Monárrez Fragoso (2006b) sugere distinguir diferentes tipos de feminicídios. Em particular, em relação aos assassinatos de Juárez, que marcaram a opinião pública de modo mais forte, propõe a categoria de "feminicídios sexuais sistêmicos": mulheres jovens, de pele escura, operárias das zonas francas ou estudantes, encontradas violadas e atrozmente torturadas em encenações sórdidas. Ora, segundo Labrecque, estes casos não representam senão 20% do conjunto dos assassinatos de mulheres recenseados, isto é, 179 mulheres e meninas entre 1993 e 2010. Aqueles que Monárrez Fragoso (2011) qualifica como "feminicídios íntimos", ou seja cometidos por um homem conhecido pela vítima, representariam 20% dos outros crimes; 3% corresponderiam a assassinatos "por atividades estigmatizadas" (prostituição, trabalho transgressor) e enfim, 58% seriam assassinatos "comuns", ligados a simples furtos e à violência em geral (Labrecque 2012; Lacombe, 2014).

*Da brutalidade masculina
aos efeitos perversos do neoliberalismo*

Para analisar juntamente os diferentes tipos de feminicídio[51], Labrecque sugere recorrer a uma perspectiva feminista global, em termos de sistema patriarcal, que cria o elo entre a exploração do trabalho feminino, a impunidade garantida pelo Estado, a tolerância à misoginia inscrita na cultura dominante e o exer-

---

51 Também assistimos a uma extensão progressiva da categoria de feminicídio, chegando-se por um lado a qualificar de feminicídio qualquer assassinato de mulheres e, por outro, a designar como feminicídio fenômenos tão diversos como os abortos seletivos dos fetos xx, o acesso precário a cuidados de saúde que levam à morte, e várias formas de violência.

cício do poder masculino na esfera íntima. Se, malgrado as críticas que, por vezes, são dirigidas ao conceito de patriarcado[52], a análise de Labrecque é sólida, isto não é sempre o caso com outras explicações que se pretendem feministas, mas se revelam apenas leituras superficiais do gênero e são de fato, vitimizantes e naturalistas. Certamente, não se trata de negar os efeitos do abandono total de certos bairros longínquos, desprovidos de transporte e iluminação, onde moram as famílias migrantes, ou da dureza da vida nesta cidade (Calzolaio, 2012). Entretanto, uma parte das reflexões que insistem na vulnerabilidade das mulheres não fazem mais do que ratificar *ad nauseam*, a ideia de que elas são (todas, necessariamente) vulneráveis, e que os homens são (todos, sem que se saiba por que) predadores sexuais e assassinos em potencial. Igualmente, certas explicações amplamente retomadas pelo "senso comum", que sublinham que a presença aumentada de mulheres nos espaços públicos e/ou no mercado de trabalho abalaria as normas de gênero ou ameaçaria a supremacia dos homens, são problemáticas. De fato, se é importante observar os efeitos da concorrência material concreta entre mulheres e homens no mercado de trabalho (Labrecque, 2012; Falquet, 2010, 2012a), alguns analistas se colocam em um terreno psicologizante e muito "micro". Ora, ao destacar a "frustração" masculina ou uma suposta "crise de masculinidade", corre-se o risco de cair no masculinismo mais reacionário[53], no qual as vítimas se tornam culpadas de ter (muito involuntariamente) abandonado a hierarquia eterna dos sexos.

---

52 Tais críticas viriam, em particular, de uma perspectiva a-histórica e universalizante. Labrecque se empenha precisamente em historicizar, contextualizar e desculturalizar os feminicídios.
53 Evoquei o movimento masculinista e sua ideologia na introdução [nota 11] e no capítulo 2.

Mais estimulantes, dentre a impressionante quantidade de trabalhos produzidos ao longo de uma vintena de anos sobre o feminicídio, são as reflexões que, numa perspectiva estrutural e feminista, reposicionam estes crimes (mais particularmente aqueles que Monárrez Fragoso (2011) qualifica como "feminicídios sexuais sistêmicos"), no quadro do desenvolvimento da globalização neoliberal. Uma das primeiras escritoras a enveredar nesta direção foi a antropóloga argentina Rita Laura Segato (2003a). Para ela, a barbárie falsamente incontrolada exercida sobre os corpos de certas mulheres por meio dos feminicídios deve ser aproximada ao desenvolvimento de novas lógicas econômicas, políticas e territoriais onde diferentes grupos de narcotraficantes entram a disputar o poder com o Estado. Mais precisamente, prolongando trabalhos anteriores que conduzira em prisões (Brasil), com encarcerados condenados por estupro, onde ficou claro que, para eles, o principal motivo do estupro era "provar algo" para outros homens, Segato (2003 b) afirma que os feminicídios são uma linguagem entre membros de grupos mafiosos rivais, que endereçam mensagens mútuas por meio de corpos femininos torturados[54]. Segundo a autora, se trata de uma nova linguagem de terror, de poder e de controle sobre o território, que cria raízes nas zonas fronteiriças emblemáticas da globalização. Esta brilhante análise tende, entretanto, a repetir um grande tropismo da antropologia, que faz das mulheres objetos e signos trocados entre homens, ao invés de sujeitos.

A filósofa, artista e ativista Sayak Valencia (2010), por sua vez, trabalhou com o desenvolvimento daquilo que chama de "capitalismo *gore*". Ela mesma originária de Tijuana, descreve a

---

54 As feministas iugoslavas do movimento Mulheres de Negro, foram as primeiras, no início dos anos 1990, a analisar a violência sexual contra as mulheres como um meio de comunicação entre homens (Cockburn, 2015).

fronteira norte do México como o "lado obscuro" da economia global (mexicana). Segundo Valencia, a violência, que caracteriza esse capitalismo *gore*, possui uma tripla função: seria ao mesmo tempo um instrumento de mercado particularmente eficaz, um meio de sobrevivência alternativa e um mecanismo essencial da autoafirmação masculina. Valencia aplica ao caso da fronteira mexicana as análises respectivamente elaboradas por Michel Foucault (2004) e Achille Mbembe (2006) sobre a biopolítica e a necropolítica[55] para descrever três grandes dinâmicas. A primeira é a transformação do Estado-nação em Estado-mercado e, em se tratando do México, em narco-Estado, em que as grandes empresas que classicamente controlam o Estado foram substituídas pelos cartéis de drogas, tornados verdadeiras empresas transnacionais. A segunda dinâmica é a de um hiperconsumismo que se substitui ao projeto humanista e à ética. Produz uma nova subjetividade baseada em aquilo que Valencia, tomando de empréstimo da literatura medieval espanhola um termo que caracteriza seres meio-homens, meio-monstros, chama de sujeitos *endriagos*, que usam a violência como meio de sobrevivência, de autoafirmação e como instrumento de trabalho. Por fim, ela retoma o conceito de necropolítica, situando-o no contexto específico da fronteira norte do México. Aqui, são os corpos mesmos que se tornam mercadorias, das quais a proteção, conservação, liberdade, integridade ou morte constituem meros subprodutos. Pior: os corpos, tornados mercadoria última, adquirem um valor suplementar, caso estejam ameaçados. Na globalização atual, da qual as fronteiras constituem o melhor exemplo, os sujeitos *endriagos* disputam ao Estado já

---

55 O conceito de necropolítica desenvolvido por Mbembe inverte a proposição foucaultiana da biopolítica: o poder e a soberania se exprimem pela decisão não de quem vive, e como, mas de quem morre, e de que modo – devido a sujeição crescente da vida à morte.

não o poder clássico, mas o controle da população, do território e da segurança.

Se o ensaio de Valencia (2010) é audacioso e estimulante, sua sustentação empírica é frágil. Como se formam estes sujeitos *endriagos*, e quem são eles, sociologicamente? Por que seriam os homens, por que "todos" os homens, ou por que certos homens, jovens e pobres, ou velhos e ricos, e não outros? Por que não seriam as mulheres, já que elas também têm a necessidade de dinheiro para se afirmarem? Talvez elas também sonham em dirigir armadas até os dentes uns veículos off-road acompanhadas por jovens efebas a seu serviço? Parece que Valencia cede à comiseração criada pela repetição recorrente dos discursos masculinistas sobre a "crise da masculinidade", terminando por considerar as mulheres (mesmo que algumas possam também se tornar sujeitos *endriagos*), como um simples adorno das (des)aventuras desses sujeitos *endriagos*. Valencia não oferece elementos históricos ou sociológicos que nos permitam compreender melhor de que modo esses sujeitos tão problemáticos são produzidos concretamente.

A ancoragem histórica e política dos assassinatos de Ciudad Juárez

Para encontrar elementos mais precisos, é preciso se voltar à obra da jornalista estadunidense Diana Washington Valdez (2005), correspondente do *El Paso Times*[56]. Diante do conjunto de casos que ela mesma reportou, Washington Valdez estabelece diversos "perfis" dos assassinatos, que poderiam ter culpados diferentes. Assim, certos crimes poderiam ter sido cometidos por dois assassinos seriais pelo menos, ainda em liberdade; ou-

---

56 Ver também seu blog: <dianawashingtonvaldez.blogspot.fr>

tros, por narcotraficantes de baixo nível. Outros, ainda, traziam as marcas de duas gangues extremamente violentas para as quais os assassinatos constituem uma espécie de rito iniciatório. Washington Valdez aponta, igualmente, para a responsabilidade de um grupo de homens (empresários, políticos e/ou narcotraficantes), assaz poderosos para que assassinassem impunemente – antes de completar a lista com uma série de diversos imitadores, que tirariam proveito da situação para se esconderem na massa. Em meio a essa multiplicidade de casos, Washington Valdez reconhece adrede dois elementos comuns. Ela afirma, destarte, que o governo conhece os assassinos e, em seguida, que a inação das autoridades encobre perturbadoras questões políticas.

Em um capítulo intitulado "O cartel da polícia", Washington Valdez relembra a implicação de policiais federais em uma série de estupros na cidade de México, no fim dos anos 1980. Estes oficiais faziam parte da escolta do subprocurador geral da República à época, Javier Coello Trejo, e dois dentre eles eram de sua família. Washington Valdez (2005) destaca que, na opinião de vários especialistas, o estupro coletivo representa uma espécie de rito de formação de fraternidade para alguns policiais que colaboram com o crime organizado. De maneira mais exata, os cartéis que operavam no estado de Chihuahua teriam tecido laços com um certo número de ex-policiais outrora membros da *Brigada Blanca* (um grupo paramilitar formado sob ordem presidencial nos anos 1970 para combater a Liga Comunista de 23 de setembro[57]),

---

[57] Fundada em 1973 em Guadalajara, a Liga Comunista de 23 de setembro, ou LC23, foi nomeada em memória do primeiro grupo "foquista" mexicano que, em 1965, no estado de Chihuahua, tentou tomar de assalto um quartel. A LC23 foi a organização de guerrilha urbana mais importante dos anos 1970. Devido ao forte aumento das tensões sociais após o massacre dos estudantes em 2 de outubro de 1968 em Tlatelolco e a repressão sangrenta da manifestação de 10 de junho de 1971, iniciaram-se dez anos de conflito silencioso, porém mortal. Perante a brutalidade assassina do governo Días Ordaz (1964-1970),

que teriam posto a serviço dos narcotraficantes suas experiências como torturadores[58]. Ao evidenciar o elo entre os feminicídios e a volta dos mortos-vivos da guerra suja dos anos 1970, Washington Valdez evita fazer uma análise demasiado localista e estática destes crimes, colocando-os mais bem numa perspectiva nacional e inserindo-os na história política (e militar) do país.

Sua pesquisa revela igualmente a existência de ligações problemáticas entre os feminicídios e a vida política mexicana dos anos 1990. Ela sublinha, entre outros elementos, a inação notável, em todo o período, de dois homens de posições particularmente altas: o procurador-geral do estado de Chihuahua, Francisco Molina Ruiz[59], e o governador Francisco Barrio (cujos propósitos citados acima mostram que ele minimizava voluntariamente

que encoraja a formação de grupos de choque utilizados como suplementos à polícia (estratégia hoje reconhecida como típica da "guerra suja"), surgem mais de vinte organizações urbanas armadas de tamanho e forma política bastantes diversas, principalmente na Cidade do México, Guadalajara e nas cidades do Norte, Monterrey, Chihuahua e Culiacán.
58 Sobre os elos entre os cartéis e os grupos delinquentes locais, de um lado, e a polícia, de outro, conferir o trabalho detalhado de Julie Devineau (2013). Além do tráfico de drogas, que representa sua atividade principal, o cartel de Juárez "também protegia os outros grupos de Ciudad Juárez que estavam às margens da legalidade, em cujo primeiro ranque estavam as pequenas gangues criminosas que operavam na cidade. [Segundo] Molina Ruiz, 'estas gangues funcionavam como uma associação de sindicatos que trabalhavam à sombra de Carrillo, que lhes permitia trabalhar e lhes oferecia proteção [...]'. Neste sentido, Amado Carrillo, enquanto fornecedor de segurança privada, foi o verdadeiro precursor da dinâmica mafiosa em curso nas organizações mexicanas de narcotráfico" (Devineau, 2013). Carrilo morre em 1997, em decorrência de uma cirurgia plástica, e sua morte dá início a uma guerra de sucessão sangrenta até em bares e restaurantes do centro da cidade. O cartel de Juárez, então, "emprega" uma gangue delinquente local, os Aztecas, formada nos anos 1980, numa prisão do Texas. É no seio mesmo da polícia e do sistema judiciário que aparece La Línea, o braço armado do cartel a partir de 2002-2003. Seu chefe, Juan Pablo Ledesma, se torna número dois do cartel (*ibid*).
59 Em janeiro de 2007, Calderón lhe confere a direção da Controladoria Interna da Procuradoria Geral da República.

os fatos). Ora, Francisco Barrio é um dos homens de destaque do PAN, por ter sido o primeiro a quebrar o monopólio eleitoral do PRI, conquistando a prefeitura de Ciudad Juárez em 1983[60]. Em 1986, após o fracasso em conquistar o cargo de governador do estado, tornou-se uma das principais figuras do movimento de denúncia de fraudes eleitorais que minaram ainda mais o sistema PRIsta. Depois de seis anos afastado da vida política, Barrio é finalmente eleito governador em 1992. O combinado Barrio (governador) e Molina (procurador), é completado com a nominação de Jorge Lopez Molinar ao posto de subprocurador da região norte do estado, onde o narcotraficante Amado Carrillo Fuentes, cognominado "Senhor do céu" por conta de sua frota de vinte e cinco aviões que levam a cocaína aos EUA, está precisamente em curso de consolidar seu cartel, com a ajuda de seu irmão Vicente (Devineau, 2013).

Advogado vindo da ultradireitista Universidade Autônoma de Guadalajara, Jorge Lopez Molinar é membro do DHIAC (Desenvolvimento Humano Integral e Ação Ciudadina), grupo de influência do PAN ligado à El Yunque, uma organização secreta de extrema-direita fundada em 1955, em Puebla, para defender a religião católica contra "o comunismo, a franco-maçonaria e o povo judeu". Interrogado sobre os feminicídios, Molinar declarou que "muitas mulheres trabalham nas *maquiladoras* e, como não ganham o suficiente para sobreviver, trabalham de segunda a sexta, e nos finais de semana se consagram à prostituição. Além disso, como são originárias de diferentes regiões, se algo acontece, ninguém vai atrás delas" (Triunfo & Muñoz, 1998); ademais, acrescenta que a melhor coisa seria que as mulheres "aplicassem a si mesmas um toque de recolher"[61]. Jorge

---

60 Mesmo ano em que se filiou ao PAN.
61 Ver "Ciudad Juárez: capitalismo y terror misógino", *Espartaco*, n. 21 [online].

Lopez Molinar foi forte e notadamente criticado pela Anistia Internacional por sua inação frente aos feminicídios. Deve-se acrescentar que ele esteve no centro de um escândalo retumbante, porque enquanto era procurador adjunto, continuou a exercer a advocacia, o que a lei do estado de Chihuahua proíbe estritamente. Não obstante, contra todas as probabilidades, foi apoiado pelo procurador Molina Ruiz, sem que o governador Francisco Barrio Terrazas visse nisso qualquer problema. Não é nada surpreendente, então, que em 2001, após sua vitória na máxima eleição, o PANista Vicente Fox, novo presidente da "alternância", tenha chamado a Barrio como "tzar anticorrupção", e que este tenha imediatamente engajado Molina no posto de chefe de segurança em México.

Assim, o trabalho de Washington Valdez (2005) oferece elementos particularmente interessantes para a releitura da construção e ascensão do PAN no norte do país durante a década de 1990. Se é de notoriedade quase pública que os grandes responsáveis do PRI fossem implicados até o pescoço no narcotráfico – notadamente através da família do antigo presidente Salinas (1988-1994) – é, no mínimo, inquietante constatar que os elos parecem ter sido igualmente tecidos entre certas facções do PAN e grupos narcotraficantes. Ao longo dos últimos anos, o México viu o desenvolvimento paralelo da rivalidade entre o PAN e o PRI e entre os cartéis reputados como próximos a um e outro partido. Remarquemos aqui, de todo modo, que os elos entre certos PANistas e certos narcotraficantes teriam sido tecidos em torno da impunidade dos feminicídios sexuais sistêmicos – que ainda não sabemos oficialmente serem cometidos por grupos narcos, herdeiros da guerra suja, políticos poderosos, caçadores de emoção, ou uma sombria mistura de tudo isso.

Para além de Ciudad Juárez

A volumosa coleção *Terrorizing women. Feminicide in the America*, de Rosa Linda Fregoso e Cynthia Bejarano (2010), se coloca "na intersecção das dinâmicas de gêneros, das crueldades do racismo e das injustiças econômicas nos contextos locais e globais", situando claramente, deste modo, a análise do feminicídio no quadro da economia neoliberal. *Terrorizing women* propõe análises focadas no caso mexicano, ao mesmo tempo que interessantes comparações internacionais. Relativamente ao México, um artigo de Deborah Weissman (2010) mostra que a impunidade dos feminicídios de Juárez não é de responsabilidade única do Estado mexicano, mas também do governo estadunidense, frequentemente esquecido, além de, e principalmente, de atores capitalistas transnacionais. Weissman enfatiza o papel efetivo dos proprietários de maquiladoras e de outros setores econômicos que, ao longo de decênios, e graças ao reforço securitário da fronteira, se organizam para baixar o custo da mão-de-obra mexicana, sobretudo a feminina. Ecoando a Weissman, um notável artigo de Alicia Schmidt Camacho (2010) mostra de que modo os novos atores políticos e econômicos desnacionalizaram o espaço fronteiriço, criando condições de não-cidadania para as mulheres. Camacho afirma que os feminicídios de Juárez "são a dupla fantasmagoria de um projeto que visa a produção de uma população sem direitos, feminizada, diretamente apropriável para o trabalho e o serviço nos mercados de trabalho tanto legal como ilegal. A produção desse grupo subalterno resultou na sexualização dos corpos das mexicanas pobres como um meio para vender a lúgubre e frágil parceria entre os dois países. As linhas de montagem e a indústria turística, que visivelmente comercializam as capacidades físicas mexicanas, são apenas os espaços que erotizam de forma mais visível sua hiper exploração".

O trabalho de Fregoso e Bejarano (2010) permite, também, comparar o fenômeno do feminicídio em diferentes países do continente, marcados ou não por ditaduras ou guerras contra-insurrecionais. O caso da Guatemala é particularmente interessante. Efetivamente, as técnicas de guerra suja que o governo mexicano pôs em ação nos anos 1990 contra o movimento zapatista, e que uma dezena de anos mais tarde resultaram na militarização do narcotráfico e na ultraviolência[62], lembram certos elementos do conflito guatemalteco dos anos 1980: formação de unidades repressivas especiais com o apoio dos EUA, particularmente os terríveis *Kaibiles* (Ortega Gaytán, 2003); criação de milícias contra-insurrecionais ao seio das comunidades indígenas; utilização massiva do estupro por parte do exército contra mulheres indígenas, principalmente para obrigar comunidade inteiras a deixarem seus territórios; impunidade garantida aos agentes da repressão. O livro incita também à aproximação da

---

62 Ainda estando em aquel momento em diálogo com o movimento zapatista, desde 1994 o governo mexicano organiza e treina forças contra-insurrecionais especiais dentro do próprio exército. Batizados de Zetas ("Z" em espanhol), elas reúnem soldados do grupo anfíbio das forças especiais (GANFE), do grupo aerotransportável (GAFE) e da brigada de fuzileiros paraquedistas (BFP). Se alguns deles já haviam passado por uma formação de elite na Escola das Américas, seu treinamento agora se dá como obra conjunta entre a CIA, o GIGN francês, e os especialistas israelenses do Sayeret Matkal. A partir de 1997, dezenas de membros destas forças especiais desertam, formando, de início, uma organização paramilitar que se alia sucessivamente a diferentes cartéis, antes de se autonomizarem para se tornar uma organização em si. À diferença dos cartéis, que são finalmente apenas umas organizações comerciais, clandestinas mais marcadas por uma cultura familiar e de discrição, os Zetas são ligados pela hierarquia militar e pela fraternidade da violência. Em seus grupos ilegais, introduzem lógicas militares inspiradas pelas técnicas de guerra de baixa intensidade e controle urbano aprendidas no exército, reproduzindo seus métodos violentos.

violência dos tempos de guerra à violência de um tempo de paz bastante particular: a paz de um pós-guerra sem reparação social, em que a vida não vale grande coisa, em que muitas armas ainda circulam entre mãos masculinas, habituadas a manejá-las, e em que impera a crise econômica. O artigo enfatiza também os efeitos sociais deletérios da impunidade da qual gozam os antigos criminosos de guerra e o coquetel explosivo que esta impunidade produz com o aumento da miséria.

Voltando sobre os feminicídios sistêmicos: três caminhos para aprofundamento da análise

Tomando como base todos estes elementos, proponho três grandes caminhos de interpretação que sintetizam as reflexões anteriores e sugerem novas perspectivas, tanto sobre o caso particular de Ciudad Juárez, quanto para a compreensão da dinâmica assassina e das diversas violências contra as mulheres que têm se multiplicado ao longo dos anos 2000 no país e no continente, consoante o aprofundamento das lógicas neoliberais.

Destarte, concordo plenamente com as análises de Weissman (2010) e de Schmidt Camacho (2010), que leem as violências e os assassinatos de mulheres em função de uma lógica de baixar o custo de mão-de-obra. Efetivamente, focar-se na dimensão sexual dos feminicídios sexuais sistêmicos, assim como no sexo das pessoas assassinadas – seja isto por um louvável cuidado feminista, seja por um naturalismo mais ou menos inconsciente – nos faz esquecer que as mortas e as desaparecidas também têm uma posição de classe e de "raça". Mais precisamente, a maior parte dos feminicídios sexuais sistêmicos concernem proletárias racializadas, geralmente migrantes rurais e trabalhadoras pobres: operárias, profissionais do sexo, cônjuges e, às vezes, isso tudo ao mesmo tempo. Entretanto, proponho ir até o fim da sugestão de Schmidt Camacho, que aproxima trabalho legal e ilegal, ou, dito de outro modo, atividades ligadas ao turismo e atividades industriais de Ciudad Juárez. Para fazer isso, o conceito de "amálgama conjugal" da antropóloga italiana Paolo Tabet (2004), me parece particularmente útil. Tal conceito designa um conjunto de tarefas que, segundo as circunstâncias históricas e culturais são tanto realizadas pelas mulheres e apropriadas em bloco pelos maridos dentro do casamento, quanto vendidas separadamente por mulheres e compradas no mercado, geralmente por homens. Concretamente, segundo Tabet, a amálgama conjugal se compõe do trabalho doméstico, do trabalho emocional, do trabalho sexual e do trabalho reprodutivo.

Na perspectiva da apropriação individual e coletiva das mulheres teorizada por Colette Guillaumin (2016) e retomada pelas quebequenses Danielle Juteau e Nicole Laurin (1988), mostrei que uma das tendências da globalização neoliberal consiste em passar progressivamente da apropriação privada das mulheres pelos homens para formas coletivas de apropriação (Falquet, 2015a). Esta tendência implica em separar ("desamalgamar") as tarefas da amálgama conjugal e de lhes fazer sair do quadro do casamento ou da família para ofertá-las ao mercado de trabalho assalariado clássico, no panorama das atividades que denominei de "mulheres de serviço"[63] (Falquet, 2008), o que envolve o trabalho doméstico e o trabalho sexual. A monetarização destas atividades, mesmo se lhes torna realmente mais caras a

---

63 Mesmo se membros da classe dos homens podem perfeitamente realizar estas tarefas —em esses casos, são de certo modo "afeminados" por sua posição de "raça", de classe e por sua situação migratória.

um grande número de homens que, até então, podiam se beneficiar delas "gratuitamente" no quadro do casamento (graças às lógicas de apropriação individual), permite a outras pessoas, homens em sua maioria, a garantia de bons ganhos no quadro da exploração (neoliberal).

Os feminicídios visam principalmente as mulheres que, por diferentes razões, vivem e trabalham parcialmente fora da instituição familiar-matrimonial e das lógicas do amálgama conjugal e que, assim, representam figuras emblemáticas da globalização neoliberal. Os feminicídios sexuais sistêmicos tocam particularmente aquelas mulheres que não só efetuam o grosso do trabalho necessário à reprodução social antroponômica[64] (tanto no interior quanto no exterior da instituição familiar), mas que participam também da produção agroindustrial. Ou seja, precisamente as trabalhadoras cujos modos de vida são os mais transformados pela nova organização do trabalho e cujo trabalho gera enorme mais-valia. Dito de outro modo, os assassinatos tomam como alvo um segmento da mão-de-obra indispensável à reorganização neoliberal da produção, ao tempo que a impunidade da qual gozam os assassinos sublinha ainda mais este direcionamento. Como entender este paradoxo? O que ele nos diz?

O segundo caminho está ligado ao primeiro. Proponho levar adiante as hipóteses de Segato (2003a), segundo quem os feminicídios de Juárez seriam, antes de tudo, um modo de comunicação entre homens, e de Valencia (2010), para quem tal violência não é mais do que um meio de expressão, um modo de vida e, por vezes, uma fonte de lucro para sujeitos *endriagos* fundamentalmente masculinos. Parece-me que, para tentar compreender a violência feminicida, é preciso admitir que ela é uma mensagem primariamente para as mulheres trabalhadoras

---

[64] Procriação, educação, trabalho doméstico, serviços, cuidados, etc.

e, além disso, para ás pessoas que também ostentam algumas características do seus alvos principais – ou seja, "fala" á todas as mulheres, visto que a mensagem de morte se alia à mensagem da violência sexual da que, na cultura dominante, são as principais destinatárias. Em realidade, porém, o segundo círculo dos destinatários da mensagem se estende ao conjunto de pobres e de migrantes racializados, que devem ser aterrorizados para que sejam impedidos de agir e se organizar, individual e coletivamente. O efeito de sideração, de desmoralização generalizada e de fatalismo que parece prevalecer no México desde o começo da "guerra aos narcotraficantes" declarada pelo ex-presidente Calderón (2007-2012), ilustra bem esse processo. Obrigando-as a lutar em outro terreno (para reaver os corpos, identificar as vítimas, reclamar a penalização dos assassinos), a violência feminicida retarda consideravelmente os combates que poderiam travar enquanto mulheres, trabalhadoras pobres ou migrantes (criar um sindicato para reivindicar o aumento salarial, por exemplo, ou questionar os mecanismos sociais da maternidade que tornam as mulheres dependentes de um companheiro ou de um salário). A questão que se coloca, portanto, é simples: quais são os setores sociais, políticos e econômicos que se interessam pelo impedimento/desvio/retardo das lutas das mulheres, de pessoas pobres e migrantes, e notadamente suas lutas contra a dependência econômica e a exploração?

O terceiro caminho refere-se aos efeitos sociais globais dos assassinatos de Juárez. A mensagem político-mediática que lhes circunda merece atenção. O discurso político se desdobrou nos dois registros da culpa das vítimas e da defesa da impunidade – as autoridades do país chegaram a atacar verbalmente as pessoas que denunciaram os feminicídios, e muitas vezes se abstiveram de agir quando estas eram ameaçadas ou, mesmo, assassinadas. Por sua vez, o discurso midiático redobrou a encenação horripilante, atemorizante e claramente sexista dos cadáveres que realizaram os assassinos. Ao longo de meses e anos, a população mexicana foi metralhada, saturada de imagens atrozes de corpos mutilados, desmembrados, deslocados, irreconhecíveis – em uma palavra, designadas como desprezíveis – de jovens trabalhadoras pobres. Lembremo-nos que o México é um dos países com a concentração de propriedade das mídias mais elevada do mundo[65], e que o exercício do jornalismo independente é particularmente perigoso: segundo o Comitê para a Proteção dos Jornalistas, entre dezembro de 2006 (data da chegada ao poder do presidente Calderón), e 2010, vinte e dois jornalistas e três empregados.as da imprensa foram assassinados.as, enquanto outros sete desapareceram[66].

Gostaria de me deter sobre três dos efeitos produzidos pelo discurso político e midiáticos. De início, na perspectiva aberta pelo Combahee River Collective em consequência de uma onda de assassinatos de mulheres, quase todas negras, em Boston nos anos 1970 (Falquet, 2006), na linha de análise de Judith Walkowitz (1982) a propósito de Jack o Estripador e daquela que indica claramente o título da obra de Fregoso e Bejarano (2010), *Terrorizing women*: trata-se de uma tentativa de "aterrorizar as mulheres" para "normalizar" seu comportamento. Este discurso as convoca a se colocarem sob proteção masculina/familiar, exortando a restrição de sua mobilidade e de seus comportamentos, não apenas como possíveis objetos do "desejo"

---

65 Os dois grupos audiovisuais mais importantes, Televisa e TV Azteca, são impérios midiáticos reputadamente próximos do poder.
66 Quanto a isso, ver o texto da AFP, "Mexique: un rapport dénonce l'emprise des cartels sur les médias", online no site <intérêt-général.info>. Uma nova lei sobre as mídias, que entrou em vigor em 2014, restringiu consideravelmente a difusão de informações sobre a guerra interna que vive o México.

sexual masculino, mas também enquanto trabalhadoras, em tudo aquilo que se relaciona com suas atividades profissionais. A seguir, focando-se complacentemente na dimensão sexual das violências, no sexo e na "moralidade" das vítimas, o discurso dominante desvia a atenção das relações sociais de classe e de raça, igualmente em jogo nos assassinatos. Finalmente, o discurso (e as práticas) de terror e impunidade participam de um processo de dessensibilização social que toca o conjunto da população. É sabido que, após um primeiro limiar de revolta, depois do desgosto, o horror tende a anestesiar as consciências e a despir as pessoas de sua tendência à rebelião e mesmo de qualquer vontade de se organizar. Observar outros contextos de (pós)guerra e (pós)ditadura em outros países do continente, onde os assassinatos de mulheres aumentaram desde os anos 2000, é bastante esclarecedor, como revela o livro de Fregoso e Bejarano e os trabalhos cada vez mais numerosos levados adiante na região. A este respeito, os estudos de Martín Baró (1990) sobre a psicologia social da guerra, já evocados no primeiro capítulo, estabeleceram que o uso público da violência extrema e sua gritante impunidade, participam de estratégias de "guerra de baixa intensidade" ensinadas na Escola das Américas e aplicadas na América Latina ao longo de anos 1970 e 1980. Esta perspectiva, se a queremos adotar, recoloca os assassinatos de mulheres em uma história política e militar muito mais vasta do que aquela que marcou a cidade de Juárez e os anos 1990, inscrevendo-os em estratégias continentais e inclusive globais de controle social pelo terror.

Bem entendido, os feminicídios sexuais sistêmicos de Juárez e, mais amplamente, a exacerbação da violência generalizada contra as mulheres, não são obras de um "cérebro" que teria planejado uma guerra de baixa intensidade contra certos segmentos da mão-de-obra empregada em regiões chave do mundo (fronteiras entre o Sul e o Norte ou zonas particularmente ricas, países em que a intensidade das lutas sociais e sua repressão levaram a situações de guerra ou de pós-guerra), e em setores de atividade particularmente rentáveis à era neoliberal.

Entretanto, especialmente no México, é inegável que o fenômeno dos assassinatos de Juárez, os discursos dominantes e os políticos que os acompanharam, contribuíram para a criação de um clima de terror ao conjunto de mulheres e, de modo mais geral, para as categorias sociais empobrecidas e racializadas. A repetição destas violências e a impunidade de seus autores, levaram a uma banalização do horror e, progressivamente, uma insensibilização do conjunto da população sobre a qual se pode, com justeza, julgar favorecer o desencadeamento de atrocidades cada vez mais generalizadas e terríveis que testemunhamos durante o mandato de Calderón, como parte da pretensa "guerra às drogas". Os assassinatos em plena luz do dia e por qualquer motivo de homens, mulheres e adolescentes, as mutilações e torturas inumeráveis, não poderiam ter se produzido de forma tão massiva, suscitando tão pouca indignação, sem um preparo prévio do corpo social. Isto é a prova de que a violência assassina contra as mulheres é intimamente ligada a outras violências sociais, políticas e econômicas. E mais : longe de serem um lamentável efeito colateral dessas violências, constituem seu verdadeiro preparo e, se ousamos dizer, seu primeiro modelo.

Por fim, é preciso dizer mais uma vez que esta violência, que tanto marcou os espíritos, não tem como origem um machismo atávico ou uma crueldade individual inata entre jovens homens empobrecidos de um país do Sul. Ao contrário, se inscreve numa continuidade histórica e em um processo coletivo de transmissão de técnicas de violência por representantes das autoridades. Jovens delinquentes aprenderam essas técnicas com antigos militares, policiais e paramilitares, eles mesmos formados por ordem do governo mexicano para impedir as tentativas revolucionárias (comunistas, primeiro, nos anos 1970, e zapatistas a partir de 1994). O governo mexicano escolheu essa estratégia para proteger tanto seus próprios interesses quanto aqueles de seu vizinho do norte – que formava, treinava e equipava as tropas mexicanas com o apoio da França, de Israel, ou mesmo da Alemanha – e para quem o mercado da repressão e do controle, dito de outro modo, o mercado da violência, também constitui um importante negocio.

***

À guisa de conclusão, lembremo-nos que falamos não do conjunto de feminicídios (que inclui todas as sortes de assassinatos de mulheres em diferentes épocas e lugares), mas de uma parte dos assassinatos de mulheres cometidos em Ciudad Juárez desde o início dos anos 1990; precisamente estas dezenas de assassinatos caracterizados por terríveis violências sexuais e uma exposição espetacular e humilhante dos corpos, perpetuadas aparentemente fora do quadro de relações íntimas e de maneira mais organizada que as simples agressões de rua ou os roubos.

As obstinadas lutas levadas a cabo desde as bases para elucidar esses crimes e puni-los não tiveram, ou ainda não tiveram, sucesso, mas são fonte de vários avanços. Elas permitiram, de início, visibilizar os fatos, inclusive ao nível internacional. E, a seguir, também tornaram visíveis uma quantidade considerável de outras violências contra as mulheres, entre outras domésticas e íntimas – que parecem em plena ascendência. Desse jeito, o movimento feminista no México, assim como em outros países, tem podido encontrar um amplificador para suas teorias (as violências masculinas formam um *continuum*, constituem um mecanismo central da opressão das mulheres), e para suas reivindicações (o fim da impunidade destas violências, a efetivação de leis e de políticas *ad hoc* para lhes sancionar e lhes prevenir).

Entretanto, a (re)descoberta do conceito de feminicídio, re-traduzido em feminicídio e agora utilizado para todo tipo de pessoas que, perseguindo objetivos diferentes, propõem análises por vezes contraditórias dos assassinatos de Juárez – e de assassinatos de mulheres cometidos em outros lugares e em outros períodos – não se dá sem criar confusões, conduzindo a certos impasses. Assim, a concepção dos feminicídios veiculada pelas instituições internacionais e os discursos jurídicos transnacionais, que os aliam quase exclusivamente à misoginia, se mostra cada vez mais problemática. Se, efetivamente, as teorias feministas sublinham, desde há muito, que a misoginia é um dos elementos importantes da ideologia das relações sociais de sexo, o naturalismo assim como o pensamento *straight* (hetero), postos em evidência por Monique Wittig (1980), são conceitos muito mais heurísticos. A misoginia é facilmente compreendida como um traço psicológico individual, ou uma herança cultural. O risco, portanto, é grande de que derrapemos em direção a análises racistas ou classistas do tipo "É o machismo mexicano/dos pobres que explica isso", e de pensar que é possível agir de maneira voluntarista contra a misoginia, imaginando, por exemplo, que programas de reeducação de homens e jovens seriam suficientes. Além disso, a insistência única sobre a dimensão misógina dos crimes cometidos em Juárez impede que enxerguemos as dimensões de raça e classe – quando são principalmente mulheres empobrecidas e racializadas pela migração aquelas que são assassinadas, trabalhadores de fábricas de montagem e trabalhadoras precarizadas de bares de centros urbanos. Na realidade, o prisma da misoginia esconde o ataque dirigido contra um segmento bem específico da mão-de-obra. O que tentei dizer aqui, é que esse segmento da mão-de-obra *se torna visível porque é particularmente visado*, algo que deve nos incitar à reflexão. Apresentei a hipótese de que a violência das quais as mulheres são objeto, bem como a consequente impunidade dessa violência, sublinha o caráter central destas mesmas mulheres na reorganização neoliberal do mercado de trabalho. Retomando a noção de amálgama conjugal forjada por Tabet, sugeri que os feminicídios tem como alvo um componente preciso do conjunto das mulheres empobrecidas e racializadas: não as mulheres que realizam trabalhos domésticos, mas aqueles que tentam vender uma parte de sua força de trabalho no mercado. Os feminicídios permitem, então, apontar para o fenômeno da "desamalgamização" conjugal neoliberal. Ilustra a forma em que essa separação de certos trabalhos que são fornecidos todos juntos aos maridos, e sua venda "à peça" fora do contrato matrimonial, e imposta a certas mulheres não privilegiadas, ao mesmo tempo que é travada. Deste modo, os feminicídios de Juárez trazem várias pistas de reflexão para a análise da reorganização neoliberal do trabalho.

Os feminicídios de Juárez permitem, igualmente, pensar a reorganização neoliberal da violência, ilustrando, inicialmente, as ligações entre a violência contra as mulheres (violências sexuais, estupros e assassinatos, principalmente), e a guerra "clássica" (no caso, de baixa intensidade). Efetivamente, vimos que esses crimes se inscrevem na continuidade das técnicas da "guerra suja" levada a cabo nos anos 1970 pelo governo mexicano contra as organizações de esquerda, empregando policiais ou militares formados em técnicas de contra insurreição, que construíram a ponte entre os dois períodos. Igualmente, enfatizamos que os efeitos diretos desses feminicídios (travar a organização da mão-de-obra potencialmente reivindicativa) e indiretos (aterrorizar a população com o propósito de insensibilizá-la), serviram, *in fine*, ao objetivo de "pacificar" a mão-de-obra (reforçando sua "docilidade", a fim de empregá-la ao menor custo), preparando terreno para uma guerra ainda mais brutal, lançada em 2007, contra o conjunto da população.

Enfim, o prisma de Juárez revela que certos Estados sobre os quais repousa o avanço neoliberal, no melhor dos casos, fecham os olhos para as violências privadas ou semi-privadas exercidas contra as mulheres e, no pior dos casos, utilizam ou reforçam tais violências para seus próprios interesses. Efetivamente, os feminicídios "típicos" de Juárez (que se misturam com os assassinatos cometidos por homens "ciumentos", ou no quadro da delinquência ordinária), parecem ser o resultado combinado da ação de jovens homens em armas e de grupos narcotraficantes subterraneamente ligados à polícia e ao exército, reciclando diversas técnicas de brutalização das mulheres, aprendidas por ocasião de um treinamento "profissional" ou derivadas de práticas mais "amadoras". Trata-se, portanto, de uma semi-privatização da violência: o Estado assegura a impunidade à mão-de-obra executora da violência, mão-de-obra esta que ele mesmo, em parte, criou, mas da qual pode fingir ser estranho e que lhe custa muito menos do que uma força policial o um exército profissional. Desse jeito, o Estado se beneficia, por assim dizer, de um "exército invisível" mobilizável em todo momento, e que também pode agir por decisão própria para conter em limites estreitos o trabalho remunerado das mulheres, sua mobilidade e as transformações sociais que sua participação na economia poderia induzir.

De maneira geral, o desenvolvimento massivo dos assassinatos de mulheres em diferentes partes do mundo, frequentemente associados com violências sexuais e, sobretudo, com demonstrações de extremo desprezo, leva a inquirir se a atual aparente explosão da violência semi-privada exercida contra as mulheres não é, em certa medida, comparável à caça às bruxas da Idade Média analisada por Silvia Federici (2014). Lembremos que, segundo Federici, a caça às bruxas visava empurrar as mulheres em direção aos limites estreitos de um espaço privado, então em curso de constituição, como local de exploração de seu trabalho – exploração que Federici revela como um dos componentes até então invisibilizado da acumulação originária que permitiu a estruturação do modo de produção capitalista. Hoje, podemos mesmo ler os assassinatos feminicidas como uma estratégia que visa trazer para casa algumas das mulheres que se aventuraram no mercado de trabalho, ao mesmo tempo tornando outras, aquelas de que o mercado precisa, as mais "dóceis" possível. O fato é que a globalização neoliberal e sua avidez por mão-de-obra, exercem pressões violentas e contraditórias sobre as mulheres e, sobretudo, sobre as mulheres racializadas e proletarizadas, na medida em que hoje, o objetivo é obriga-as a entrarem no mercado de trabalho ao mesmo tempo que continuar a força-as a assegurar a reprodução social da força de trabalho.

capítulo IV

Lutas (de)coloniais ao redor do "território-corpo": da guerra ao extrativismo neoliberal na Guatemala[67]

Este capítulo se concentra nas múltiplas potencialidades políticas das lutas contra as violências dirigidas às mulheres – um tema perante o qual a visibilidade local e global se tornou crescente a partir de 1991, com a denúncia e logo a condenação dos estupros de guerra na ex-Iugoslávia, e a consequente afirmação, na Conferência sobre os Direitos Humanos organizada pela ONU em Viena, em 1993, de que as (violações de) direitos das mulheres são (violações aos) direitos humanos.

Anteriormente, mostrei, a partir do caso emblemático do movimento feminista, como as instituições internacionais desempenharam um papel chave na legitimação ideológica do projeto neoliberal e na sua posta em pratica concreta, desde os anos 1990, impondo progressivamente uma concepção liberal do gênero (Falquet, 2008). Analisei, também, como as instituições internacionais, nesta nova lógica, se encarregaram

---

[67] Este capítulo é baseado numa pesquisa realizada no quadro da ANR Global Gender (2013-2016), dirigida por Ioana Cirstocea, sobre o tema da globalização do gênero a partir de diferentes territórios ou experiências e em diferentes escalas. Ver : Cirstocea, Ioana ; Lacombe, Delphine ; Marteu, Elisabeth (coords.), 2018, Le genre globalisé : mobilisations, cadres d'actions, savoirs, PUR, pp 91-112.

de cooptar as militantes mais dinâmicas, neutralizando os temas potencialmente radicais ao reinterpretá-los, numa atitude que contribui poderosamente à "ONGeisação" deste movimento, isto é, transformá-lo em um tipo de burocracia paraestatal (trans)nacional que assegura a baixo custo a execução de um governança global pacificada, baseada numa recodificação dos conceitos produzidos pelo movimento feminista e na difusão de novas grelhas de análise.

A violência contra as mulheres, que é um dos temas mais "consensuais" e, portanto, "recuperáveis", levados pelo movimento feminista, tem constituído uma das portas de entrada principais da globalização de um gênero "neutralizado". As instituições internacionais têm desenvolvido progressivamente suas intervenções ao redor de dois grandes eixos. Por um lado, a violência de tipo interpessoal – desde a violência doméstica até o assassínio – em contra da qual elas impulsionaram sobretudo a criação de um quadro jurídico supranacional[68] e nacional[69]. Por o outro lado, as violências sexuais de guerra, para as quais favoreceram que as mulheres participassem nos processos de pós-guerra, paz e justiça transicionais[70], entre outras coisas no concernente aos estupros de guerra[71]. Assim o fazendo, as instituições internacionaís retomaram conceitos como os de *violência contra as mulheres* e *feminicídio*, e contribuíram para desenvolver novos esquemas explicativos das violências cometidas por homens contra as mulheres. Duas ideias em particular

---

68 Especialmente a Convenção de Belém do Pará, no caso de América Latina e Caribe, adotada em 1994.
69 Por exemplo, com as leis "integrais" contra a violência, adotadas em Espanha, em 2004, e no México, em 2005.
70 Particularmente com a Resolução 1325 da ONU sobre a paz e a segurança, aprovada em 2000.
71 A partir de casos particularmente marcantes como a ex-Iugoslávia, Ruanda e a República Democrática do Congo.

foram tomando força: por um lado, que tais violências estavam ligadas a uma extrema misoginia – globalmente apresentada como um efeito de cultura – e do outro, a ideia de que o principal problema era a impunidade dos perpetuadores (geralmente apresentados como indivíduos isolados, movidos por lógicas incompreensíveis), impunidade permitida pela deficiência do sistema jurídico, judiciário e policial e reveladora em última instância duma disfunção do Estado (principalmente em seguida de um conflito armado).

Ora, como temos começado a entender nos capítulos anteriores, estas explicações se revelam insuficientes e, sobretudo, tendencialmente despolitizantes. Primeiro, porque se interessam tão somente com as consequências ou o contexto ideológico dos fatos, sem explicar as causas concretas, ou lhes tentar prevenir. Segundo, porque os perpetuadores aí aparecem essencialmente como desviantes a serem reeducados ou expulsos do corpo nacional, e as mulheres violentadas como vítimas absolutas que devem ser "securizadas" e salvas pela lei, pelas forças armadas, pelas ONG e pela medicina-psicologia ocidental. E finalmente, porque o rol do Estado (assim como suas responsabilidades) é sempre invocado logo das violências serem cometidas, jamais para pensar o que acontece antes. Em suma, tais explicações se revelam insuficientes, porque fazem desaparecer a complexidade das raízes históricas, econômicas e políticas das violências de guerra como das violências cotidianas.

À contrapelo dessa perspectiva transnacional e despolitizada, esta trabalho analisa, num caso concreto, na Guatemala, a ancoragem local de uma luta particularmente bem-sucedida contra a violência. Ainda que pouco conhecido, este pequeno país centro-americano possui diversas particularidades marcantes: é o primeiro do continente a ter sofrido um golpe de

Estado fomentado pela CIA (em 1954), logo depois de uma reforma agrária promovida por um governo democraticamente eleito. Trata-se, também, de um dos raros países do continente cuja população permanece majoritariamente indígena. E finalmente, é o primeiro país que tem conseguido julgar em seu próprio território um ex-ditador, acusado de genocídio. Veremos de que modo a luta se construiu "desde baixo", a partir de uma realidade empírica precisa, e também as consequências deste tipo de construção. Assim, mostrarei como, aqui, foram sobretudo as primeiras concernidas (sobreviventes da violência), que se organizaram coletivamente para recusar o estatuto de vítima que o sistema tentava designar-lhes, ao tempo que elas se inscreveram num projeto mais vasto de busca por justiça social global. Suas estratégias lhes permitiram não apenas convergir com outras lutas, mais produzir efeitos bem além de seu objetivo inicial e inclusive propor novas análises e novas formas de intervenção, muito políticas.

Apresentarei primeiro o quadro histórico-político destas lutas: aquele de um país marcado por uma violência colonial ininterrupta ligada a um longo processo de apropriação das terras e dos recursos das populações autóctones. Veremos, em seguida, como o movimento de mulheres, feminista e lésbico, conseguiu tornar visíveis as violências sexuais cometidas durante a guerra, e as consequências de esse processo de visibilização sobre a vida política do país. Enfim, a última parte se focará nos novos desdobramentos das lutas no contexto do giro extrativista neoliberal[72], assim como nas inovações práticas e

---

72 Hoje, o termo "extrativismo" é empregado comumente no continente para designar a nova forma tomada pela pilhagem de recursos naturais, trata-se de matérias-primas minerais, fontes de energia, ou, ainda, de água, produtos agrícolas ou mesmo biodiversidade. O extrativismo atual toma geralmente uma forma industrial (mega-minas, monocultura em zonas muito extensas),

teóricas trazidas, entre outras, pelas primeiras concernidas: as mulheres indígenas.

GUATEMALA: UMA LONGA HISTÓRIA DE VIOLÊNCIA NA LUTA PELO TERRITÓRIO

Situada entre o México e o restante da América Central, a Guatemala é um pequeno país de quatorze milhões de habitantes. É um símbolo importante, pois, malgrado as violências da colonização, a população Maia segue sendo maioria (estimada as vezes em 60% da população[73]). Depois da independência, em 1821, o governo continuou a promover à colonização interna das regiões indígenas pela população mestiça e, inclusive, europeia: a partir de 1863, foram concedidas a empreendedoras famílias alemãs vastas terras na região de Verapaz nas quais, graças à mão-de-obra indígena recentemente expropriada, começaram a produzir café, que rapidamente se tornou a atividade econômica central no país.

---

extremamente poluente e destrutiva. É geralmente realizado por transnacionais, das quais muitas têm sua sede em países do Norte, seja porque são governadas por capitais destes países, seja porque gozam de condições particularmente vantajosas nas bolsas de valor daqueles países. Para compreender o peso numérico das transnacionais mineiras canadenses, cf. DENEAULT et al.

[73] Muito políticos, os censos, que esbarram em muitas dificuldades, em geral tomam como critério para definir as pessoas como indígenas, o fato de elas falar uma das vinte e uma línguas Maia oficialmente reconhecidas. Existe também no país uma população afrodescendente, a população Garifuna, e uma população indígena não-Maia recentemente reconhecida, a população Xinca, no sudoeste do país.

MAPA DA GUATEMALA. *Os distritos de Huehuetenango, Quiché, Alta Verapaz e Izabal formam a Franja Transversal Norte*

As raízes da violência:
da reforma agrária truncada à colonização interna

Em 1945, 2% da população controlava 72% das terras aráveis, cultivando não mais do que meros 12%. Os presidentes Arévalo e, depois, Arbenz, lançaram um processo de reforma agrária, antes de expropriar, em 1952, as terras ociosas do maior proprietário de terra, a multinacional estadunidense United Fruit Company. Em 1954, a Guatemala se torna, então, o primeiro país do continente a sofrer um golpe de Estado organizado pela CIA[74] (Calvo Ospina, 2013).

O novo governo militar, com o apoio do Banco Mundial e instigado pela cooperação estadunidense, para a reforma agrária e relança a colonização do Norte do país. A região, que é pensada como "vazia", interessa por suas madeiras preciosas e pela pecuária extensiva possibilitada logo do desmatamento. Sobretudo, pensa-se que é possível encontrar ali petróleo. A partir de 1958, o BID (Banco Interamericano para o Desenvolvimento), financia um primeiro projeto de infraestrutura na região estratégica de Sebol (Alta Verapaz). Então deputado, Lucas García, futuro ministro da Defesa e logo presidente da República (de 1977 a 1982), começa a adquirir terras na região. A partir de 1964, o governo envia populações indígenas para colonizar a zona.

A Franja Transversal Norte (FTN) foi criada oficialmente em 1970, cobrindo, de oeste a leste, os distritos maioritariamente indígenas de Huehuetenango, Quiché, Alta Verapaz e Izabal, se abrindo do lado Atlântico com o porto de Puerto Barrios. Seus recursos, sua topografia montanhosa e florestada de difícil acesso, bem como sua posição estratégica na fronteira com o México farão da FTN a fonte de todos os enriquecimentos dos militares e políticos do país. A FTN se torna, mais tarde, a primeira zona de implantação da guerrilha e, enfim, na pós-guerra, devem o centro de interesse principal das multinacionais extrativistas e das organizações de narcotraficantes[75].

---

74 Recentemente criada (seu primeiro golpe de Estado se remonta a 1953 no Irã), a CIA era então dirigida por Allen Dulles. Ele e seu irmão, John Foster Dulles (então diretor do Departamento de Estado), eram proprietários de um dos principais escritórios de advocacia de Wall Street, que defendia a United Fruit, da qual os irmãos eram, também, acionistas.
75 Vivendo no coração da futura zona em disputa, a população Ixil se tornará o símbolo das populações mártires da guerra.

A "valorização" da FTN é marcada pela violência. Desde 1971, vinte e quatro povoados Q'eqchi são desalojados do sul de Petén e do norte de Alta Verapaz, onde começa a prospecção petrolífera e onde os primeiros poços são abertos em 1974. A partir de 1976, a atenção se torna para o município de Ixcán[76] (Quiché), na fronteira com o México. Desde então, o destino da região está selado: entre 1975 e 1979, a empresa petroleira estadunidense Shenandoah Oil, o Instituto da Reforma Agrária e o Batalhão de Engenheiros do Exército abrem uma trilha ao longo da qual, com o apoio do Banco do Exército, políticos, empresários e militares se apropriam das terras e constroem novas fortunas. Logo depois de ser eleito presidente, Lucas García toma a frente do "megaprojeto de desenvolvimento" da FTN em 1982.

É igualmente ali que se implanta, a partir de 1972, os primeiros núcleos da nova guerrilha do Exército Guerrilheiro dos Pobres (EGP), que conquista para sua causa numerosas comunidades indígenas, entre as quais umas comunidades Ixil[77]. Mesmo as mulheres e meninas se engajam resolutamente (Hernández Alarcón *et al.*, 2008; Colom, 1998). A primeira ação armada do EGP, em 1975, provoca uma repressão feroz. O exército instala numerosos acampamentos na região e comete exações crescentes, até aplicar uma verdadeira estratégia de "terra arrasada" a partir de 1981, principalmente no Quiché, mas de modo amplo em toda FTN, para obrigar a guerrilha, e sobretudo a população civil, a abandonar a região.

---

[76] Estrategicamente situado, o município de Ixcán foi um dos mais duramente reprimidos durante a guerra. O município faz fronteira com o México, os municípios de Chisec e Cobán (Alta Verapaz), Chajul e Uspantán (Quiché), e Santa Cruz Barillas (Huehuetenango).
[77] Junto a outros três grupos guerrilheiros, o EGP formará a URNG (União Revolucionária Nacional Guatemalteca).

Violência sexual e genocídio:
o julgamento histórico de Rios Montt

Apoiado pelos Estados Unidos, o general golpista Ríos Montt encarrega-se da maior parte da repressão entre 1982 e 1983. 440 aldeias e vilas indígenas são apagadas do mapa. Encadeiam-se massacres de populações inteiras, observando-se atos de barbárie e estupros massivos – 1465 foram oficialmente denunciados à Comissão para o Esclarecimento Histórico (CEH, 1999), e estima-se que 50.000 mulheres, ao menos, teriam sido alvo delas (Aguilar & Fulchiron, 2005). O exército multiplica as casernas, implanta populações "amigas" em vilas-modelo e continua a se apropriar de imensas extensões de terra[78], enquanto dezenas de milhares de pessoas fogem para o México ou para cima das montanhas mais inacessíveis.

A chegada de um presidente civil, em 1986, permite começar um longo processo de negociações que finalmente conduzem a acordos de paz, assinados em 1996. Entretanto, a guerra deixou cicatrizes profundas: o informe oficial identifica com nome e apelido a 42.275 vítimas da guerra (CEH). Quatro de cada cinco destas vítimas são Maia, uma de quatro é mulher; 93% dos atos de violência e violações de direitos humanos, dos quais 626 foram massacres, são atribuídos ao exército, à polícia e às forças para-governamentais. No total, contam-se 150.000 mortes, 50.000 pessoas desaparecidas, e estima-se que a guerra tenha deslocado entre meio milhão e um milhão e meio de pessoas, o que sublinha com acuidade a questão do acesso à terra.

Em 2012, o ex-ditador Ríos Montt, no momento em que perdeu sua imunidade, é convocado perante a justiça, acusado

---

78 Estima-se que, em 1983, 60% do distrito de Alta Verapaz era propriedade de militares, dos quais dois haviam sido presidentes: Laugerud e Lucas García.

de genocídio pelo assassinato de 1.771 indígenas Ixil de Quiché. Após um processo extremamente mediatizado[79], ele é condenado em maio de 2013, e a Guatemala se torna, assim, o primeiro país do continente a julgar um ex-ditador em seu próprio território[80]. Entre os elementos que fazem a balança pender, se encontram os testemunhos de dezesseis mulheres indígenas que denunciaram os estupros cometidos contra elas pelos soldados, paralelamente aos massacres do início dos anos 1980. De fato, a corte reconheceu que estes estupros, apoiados e, sobretudo, ordenados pela hierarquia militar e política, constituíam um crime de genocídio.

Vejamos por qual processos estas mulheres camponesas, indígenas, confrontadas com um brutal e histórico racismo e que, às vezes, dificilmente se expressavam em espanhol, conseguiram em esse contexto particularmente adverso, provocar este evento histórico, ao denunciar em voz alta diante da Suprema Corte, a sociedade guatemalteca e muito além, essas violências sexuais socialmente indizíveis.

NO CAMINHO DO RECONHECIMENTO DAS VIOLÊNCIAS SEXUAIS PERPETRADAS EM TEMPOS DE GUERRA

A antropóloga e terapeuta Yolanda Aguilar faz parte do grupo de pessoas na origem desta visibilização inédita das violências sexuais durante o conflito armado. Ela mesma tinha sido presa como "subversiva" e atrozmente torturada pelas forças governamentais quando tinha apenas quinze anos. Aguilar foi na ori-

---

79 O juízo foi muito difundido pela Internet. As palavras-chave "sentencia por genocídio" e "Rios Montt", dão acesso a diversos vídeos.
80 Em 20 de maio de 2013, entretanto, a Corte Constitucional anulou a decisão. O julgamento foi retomado apenas em janeiro de 2016.

gem da formação das Actoras de Cambio, o grupo que, desde 2003, acompanhou onze das dezesseis mulheres que testemunharam no processo contra Rios Montt.

As origens das Actoras de Cambio

Ainda antes do fim da guerra, a Comissão de Direitos Humanos da Igreja Católica inicia um processo de Recuperação da Memória Histórica (REMHI), acerca das violações dos direitos humanos[81]. Após um longo trabalho pessoal, Yolanda Aguilar se aproxima da equipe da REMHI para apresentar seu próprio relato. Solicitada depois para recolher outros testemunhos, ela constata que a maior parte das mulheres denunciam violências sofridas por pessoas próximas, mas bem mais raramente aquelas que elas mesmas têm vivido – e menos ainda as violências sexuais. Aguilar redige para o Relatório sobre as violências sexuais o capítulo intitulado "Da violência à afirmação das mulheres", a partir de 165 testemunhos diretos (REMHI, 1998). O relatório da Comissão da Verdade, criada pelos acordos de paz, aparece no ano seguinte, em 1999, e também contém um capítulo muito claro sobre as violências sexuais. Ambos os capítulos, entretanto, não formulam conclusões ou recomendações.

Convidada ao "Tribunal Internacional sobre os crimes de natureza sexual cometidos pelo exército japonês durante a Segunda Guerra Mundial", que se dá no Japão em 2000, Yolanda Aguilar fica tão impressionada pelos testemunhos das mulheres de diferentes países da Ásia, que na sua volta a Guatemala, ela concebe o projeto de aproximar o trabalho das feministas com aquele das

---

81 Dois dias após o aparecimento do informe, um de seus redatores, o bispo Mons. Juan Gerardi (um senhor de setenta e cinco anos), é assassinado em pleno dia, perto da sua casa no centro de capital e a trezentos metros do palácio presidencial.

organizações de direitos humanos. De fato, com o programa nacional de "reparação" (*resarcimiento*) para as vítimas de guerra, lançado em 2002, o movimento de mulheres consegue introduzir as violências sexuais e o estupro na lista dos motivos para pedir reparação. Em 2003, com a cumplicidade feminista de uma francesa, Amandine Fulchiron, que sonha em eliminar o estupro e a guerra da vida das mulheres, Yolanda Aguilar começa a imaginar e a impulsionar um processo coletivo e político para romper o silencio ao redor do estupro, curar as feridas que ele gera e traçar caminhos em direção à justiça para as sobreviventes.

Num primeiro momento, as duas mulheres contactam organizações capazes de apoiar o projeto e preparar o acompanhamento de mulheres que têm sofrido violências sexuais durante o conflito. Progressivamente, elas reúnem a União Nacional de Mulheres Guatemaltecas (UNAMG)[82], outras organizações próximas da esquerda[83] e feministas a título individual. A aliança que se forma em 2005 toma o nome de "Consorcio 'De vítimas de violência sexual a atoras de mudança: luta das mulheres pela justiça'" ou *Actoras*. Como explica Yolanda Aguilar, o objetivo nesse momento é de se mobilizar para obter a justiça – nos diferentes sentidos que as mulheres podem dar a este conceito – assim como permitir que as concernidas possam passar do estatuto de vítimas a aquele de protagonistas de mudanças.

---

82 Sua responsável, Luz Méndez, é uma antiga integrante da guerrilha da URNG. Como tal, ela foi uma das signatárias dos acordos de paz.
83 A equipe de estudos comunitários e de ação psicossocial (ECAP), grupo misto que trabalha nos domínios da saúde e dos direitos humanos; Ixquic, um grupo do Petén que trabalha contra os abusos sexuais perpetrados contra crianças e contra a violência contra as mulheres; ou o grupo de mulheres indígenas Mama Maquín, primeira organização de mulheres indígenas, nascida nos campos de refugiadas.os do México. Mamá Maquín saiu do projeto em 2003, pois suas responsáveis não se sentiam prontas para realizar este trabalho.

Trata-se menos de ir aos tribunais do que lançar, junto às concernidas, um trabalho de memória, de cura e de construção de alternativas, por meio de um processo de *sanação* (*sanación*) individual e coletiva. Este conceito, dificilmente traduzível, sugere que há laços profundos entre a ruptura do silêncio, a construção da memória e a cura. A *sanação* visa também a encorajar a resiliência, privilegiando a organização coletiva e imaginando alternativas propícias à reparação do tecido social ou, mais exatamente, seu *tecer de novo* – metáfora potente que se apoia sobre uma tradição que faz do tear, uma atividade cosmogônica e sagrada das mulheres indígenas. A sanação associa à proposta feminista de autoconsciência e reapropriação do corpo – proposta apoiada sobre um trabalho emocional de liberação das lembranças traumáticas – um conjunto de práticas inspiradas em tradições indígenas ancoradas na memória histórica das violências da colonização, assim como em diversas espiritualidades de resistência e, de modo mais geral, na afirmação do vigor e da atualidade das culturas indígenas.

Renovação das organizações e das lutas das mulheres Maia

As mulheres Maia são quem mais sofreram as violências sexuais cometidas durante a guerra. Na época, junto à associação Mamá Maquín, diversos grupos de mulheres foram formados por viúvas de guerra e familiares de pessoas desaparecidas. Subterraneamente, mas estreitamente ligados às organizações revolucionárias, estes grupos agiam, sobretudo, pela sobrevivência e os direitos humanos. Uma nova geração de mulheres e feministas indígenas, mais autônomas, aparece após a guerra.

Catalisador e símbolo dessa transformação, o grupo Kaqla é fundado em 1996. Em sua base, encontramos três irmãs que, após atravessarem a guerra e integrarem tanto o projeto revolucionário quanto o feminista, desejam deixar o panorama da política tradicional, decidindo fazer um retorno a suas origens Maia.

Kaqla trabalha pela autonomia, o bem-estar e a luta das mulheres Maia – e de suas comunidades – desenvolvendo alternativas metodológicas e teóricas apoiadas sobre um trabalho coletivo tanto físico, ancorado no corpo, quanto espiritual (Chirix García; Grupo de Mujeres Mayas Kaqla, 2010). Diferentes publicações expõem, além das análises das participantes, imagens produzidas pelas mesmas acerca de si mesmas, entre outras de certas partes de seus corpos geralmente escondidas[84], e sobretudo, onde elas "se acorpam" entre si, na dor como na alegria (Grupo de mujeres mayas Kaqla, 2004). O grupo desempenhou um papel importante do processo de *sanação* iniciado pelas feministas de Actoras, em particular graças à participação de Sara Alvarez e Angélica López, que trabalharam diretamente com Actoras, e à cumplicidade de outra feminista Maia, Adela Delgado.

Durante estes mesmos anos do pós-guerra, surge também uma nova geração de profissionais urbanas de classe média e intelectuais indígenas que, encorajadas pela cooperação internacional e por diversas aliadas, criam seus próprios grupos, abrindo uma série de espaços de debate e formação. O início dos anos 2010 vê surgir, assim, importantes teóricas decoloniais maias, como Aura Cumes ou Gladys Tzul.

Um trabalho em paralelo com Indígenas e mestiças

---

84 O corpo é considerado sagrado nas culturas Maia – sobretudo o corpo feminino. A influência católica também é igualmente potente nestas comunidades.

Fazer emergir a palavra das mulheres a respeito das violências sexuais durante o conflito não é nada fácil. Tendo obtido o apoio econômico por parte da cooperação internacional (não-governamental), Actoras começa a trabalhar nisso a partir de 2004. Após identificar as localidades nas quais estas violências poderiam ter sido cometidas, localizar e ter se aproximado a possíveis sobreviventes, a associação inicia um longo processo de sanação e de reflexão sobre a justiça alternativa, em cinco línguas diferentes, com mulheres indígenas de cinco regiões rurais[85]. O trabalho compreende um processo de sistematização que conta com a participação da francesa Amandine Fulchiron, que dirige a pesquisa e, paralelamente, inicia uma tese sobre o silêncio no movimento de mulheres a propósito do estupro.

Paralelamente, as militantes de Actoras organizam um grande debate na cidade, sobre violência com onze dos principais grupos do movimento de mulheres. A partir de este debate, delineiam um "documento de posição" que reafirma uma vez mais a evidência, ou seja: que a cultura de violência contra as mulheres possui um caráter profundamente sexual (Aguilar & Fulchiron, 2005). É preciso dizer que neste período de pós-guerra, os assassinatos de mulheres têm aumentado consideravelmente e se contam às centenas[86]. Muito atentas às pesquisas e mobilizações contra os feminicídios no México, assim como

---

85 Nos distritos de Huehuetenango, Chimaltenango e Alta Verapaz. 22 mulheres da capital, incluindo tradutoras, se deslocam cada vez para trabalhar com as mulheres destas comunidades, realizando terapias individuais, coletivas e diversas reuniões.
86 O primeiro caso de feminicídio assinalado enquanto tal pela Anistia Internacional se da em 2001, quando uma mulher é encontrada morta com um cartaz que diz "morte às cadelas" (Anistia Internacional, 2004). De fato, os assassinatos de mulheres, com ou sem estupro e violências sexuais, aumentam rapidamente: 179 em 1999, depois 303 em 2001 e 497 em 2004 (Rosales Gramajo, 2008).

aos debates continentais, as guatemaltecas imediatamente conectam esta nova onda de crimes com as cicatrizes vivas deixadas pelo conflito, devido, entre outras coisas, à impunidade de fato concedida aos responsáveis das violências genocidas.

É deste primeiro encontro que nasce o ateliê "Falemos de violência sexual", cujo objetivo é mobilizar o conjunto do movimento de mulheres (quer dizer: incluindo também as mulheres mestiças e urbanas), o qual ficou por muito tempo estranhamente silencioso sobre a questão. Trata-se de politizar o tema do estupro, de fazê-lo sair de esfera privada incitando cada uma a romper o silêncio sobre a própria história. Cinco sessões acontecem entre 2005 e 2008, reunindo, a cada vez, cerca de cinquenta mulheres bastante diversas. Abordar publicamente questões tão pessoais, no entanto, não tem nada de óbvio, e muitas abandonam no caminho[87]. As que permanecem, conseguem, entretanto, afrontar os temas tabu – em particular o do corpo, e sua reapropriação, entre outras coisas pela nudez. Em 25 de novembro de 2006, por ocasião do Dia Internacional para a Eliminação da Violência contra as Mulheres, differentes participantes do ateliê, apoiadas por ativistas das Lesbiradas[88], criam um novo grupo, a Batucada Feminista.

Ja no ano seguinte, sob impulso da Batucada Feminista, o ateliê se abre à reapropriação pelas mulheres de seus próprios corpos e vidas. A partir de então intitulado "Falemos de sexualidade, de poder e de erotismo", o ateliê se apoia entre outro nos

---

[87] Entre as quais estão Yolanda Aguilar, que, após quatro anos de intensa participação, abandona as Actoras em janeiro de 2006, partindo para o estrangeiro para avançar em seu próprio caminho. Amandine Fulchiron assume, então, a direção da pesquisa-ação participativa, enquanto Luz Méndez assume a do consórcio Actoras de Cambio.

[88] Lesbiradas é o único grupo de lésbicas-feministas da Guatemala, surgido do primeiro grupo de lésbicas do país, o Mujer.es Somos, formado em 1995. Seu site é: <lesbiradas.blogspot.com>.

textos de Audre Lorde sobre o poder do erótico. Paralelamente, a Batucada Feminista luta contra a expropriação do corpo das mulheres organizando diversas ações de reapropriação coletiva. Em 8 de março de 2007, a som de tambores e protegidas por outras manifestantes, treze mulheres se desnudam publicamente na praça central da capital para revelar a mensagem pintada em todas as letras sobre seus corpos: MI CUERPO ES MÍO[89]. Sua audácia e vontade de afirmação ecoam a nova determinação das mulheres indígenas que trabalham com a Actoras: neste mesmo ano, após um longo período de preparação clandestina, elas fazem saber que sintam-se capazes de falar, em voz alta, sobre aquilo que viveram, e desejam que sua palavra se torne pública "a fim de que aquilo que se passou, não se repita jamais".

Não obstante, este elã liberador que tomou conta de uma parte do movimento também se depara com reticências. Assim, no decorrer do 3º Fórum das Américas, em 2008, organizado juntamente ao Fórum Social Mundial, diversos grupos, dentre os quais Lesbiradas e a Batucada Feminista, escandalizam uma parte da esquerda regional, incluindo alguns grupos indígenas guatemaltecos[90], afixando na tenda das mulheres uma bandeirola mostrando onze mulheres que posam nuas e entrelaçadas, com a legenda: "Território livre. Meu corpo é meu. Livre de controle, de expropriação, de violência, de colonização, de racismo, de lesbofóbia". Esta visibilidade repentina do corpo (nu!) das mulheres, numa perspectiva de autorrepresentação, de reapro-

---

89 Um vídeo da ação está disponível no You Tube: <Batucada feminista 8 marzo 2007>
90 Seu mal-estar vai provocar o desenvolvimento do "feminismo comunitário" guatemalteco, que discutimos adiante; ver também a entrevista de Lorena Cabnal (Falquet, 2015).

priação e de liberdade também está ligado, é preciso sublinhar-o, com o desenvolvimento das análises lésbico-feministas[91].

Pôster produzido para o Encontro Mesoamericano do 30. Fórum das Américas (outubro de 2008).

Assim, as lutas levadas a cabo para que as violências sexuais durante o conflito sejam reconhecidas enquanto tais, promoveram dinâmicas que ultrapassaram por muito seu objetivo inicial. Em ela tem participado mulheres mestiças, Indígenas e europeias implicadas simultânea ou sucessivamente, e por diferentes motivos (profissionais, acadêmicos e/ou militantes), em diferentes espaços do movimento de mulheres, feminista e lésbico, em grupos de defesa de direitos humanos, no movimento

---

91 A fase de expansão da corrente lésbico-feminista na Guatemala culmina em outubro de 2010 com a realização do 8º Encontro lésbico-feminista Continental (RLFLAC), na Cidade de Guatemala. As violências contra as mulheres durante a guerra, o militarismo e o extrativismo fazem parte dos grandes temas abordados. As organizadoras desejavam de fato ultrapassar as preocupações identitárias dominantes no movimento LGBTQI. Os seguintes dois encontros lésbico-feministas organizados em escala continental (em 2012 na Bolívia e em 2014 na Colômbia), confirmam esta tendência de se ir mais além da "identidade".

de esquerda próximo à ex-guerrilha ou, ainda, na cooperação internacional. O êxito e o eco das estratégias que essas mulheres desenvolveram, também se devem, em parte, ao contexto do pós-guerra, em que surgem novas formas de violência.

CONTINUIDADE DAS VIOLÊNCIAS NO EXTRATIVISMO DA PÓS-GUERRA E REFORMULAÇÃO DAS LUTAS

As esperanças suscitadas pelos Acordos de paz de 1996, tem caído por terra rapidamente devido à grave crise econômica e política que toca o conjunto da América Central. Longe de cessar, a violência persiste e se acentua: abusos de toda classe, estupros, sequestros e assassinatos se multiplicam. A delinquência organizada se desenvolve rapidamente tanto entre a juventude pobre e sem futuro, quanto entre antigos militares, policiais e paramilitares que não foram nunca desarmados nem perseguidos por suas ações passadas. A situação piora sob a influência das *maras*, gangues armadas ultraviolentas do vizinho El Salvador, além dos cartéis mexicanos que se instalaram no Norte da Guatemala a partir dos anos 2010. Quanto à economia, o país é absorvido num projeto diretamente derivado do Tratado de Livre Comércio (EUA-Canadá-México) assinado em 1994, visando a consolidação de uma zona de livre-comércio mesoamericana que deve formar posteriormente, um contínuo com o Sul do continente. O Plano Puebla Panamá, lançado em 2001 com o apoio do Banco Mundial prevê também a realização de um conjunto de "megaprojetos" de infraestruturas que supostamente permitiram a "valorização" da região. Favorecido pela subida da demanda e dos preços, um novo ciclo minerador extrativista começa tanto na Guatemala quanto no continente: somente na América Central, as concessões às transnacionais agora se estendem a um quarto do território (Garaye Zarraga, 2014).

As violências do projeto neoliberal extrativista

O giro extrativista na Guatemala significa, essencialmente, a retomada da colonização da Franja Transversal Norte. De fato, uma boa parte dos projetos de barragens, exploração petrolífera, extração de minério e agroindústria estão situados nas zonas onde foram perpetrados os piores massacres da guerra. E os antigos destacamentos militares que retomam suas atividades nos anos 2000 são todos aqueles que estão situados ao longo da FTN, onde o Banco Centro-americano de Integração Econômica se prepara a financiar a construção de uma estrada de mais de 300 quilômetros para facilitar a exploração dos recursos naturais[92].

O extrativismo se desenvolve continuamente a partir da eleição do conservador Oscar Berger Perdomo à frente do Executivo em 2004. As concessões de prospecção e exploração são cedidas a um preço baixíssimo a empresas transnacionais sem consulta nacional e, menos ainda, sem consulta às populações locais, ainda que as comunidades indígenas, majoritariamente concernidas, sejam teoricamente protegidas pela Convenção nº 169 da OIT[93]. Face a este assalto generalizado, a resistência se desenvolve rapidamente na América Latina, ao redor da palavra de ordem "Recuperação e defesa do território-Terra", essencialmente levada adiante pelas populações indígenas. A Guatemala não é exceção. E como durante a guerra, as empresas recrutam milícias de segurança privada, enquanto o governo

---

[92] Devido ao fato de apenas uma empresa ter se apresentado para a licitação para a construção da estrada que foi projetada em 2005, a concessão foi atacada por inconstitucionalidade em novembro de 2007.
[93] Que afirma, em particular, o direito das comunidades "autóctones" de serem consultadas a respeito de qualquer projeto de "desenvolvimento" em seu território.

acoberta sistematicamente sua atuação, promulgando leis *ad hoc* e enviando a polícia e o exército para impor os projetos das empresas transnacionais. Os assassinatos e as violências sexuais se multiplicam e as camponesas indígenas novamente estão na linha de frente das agressões que buscam reduzir a população ao silêncio ou a expulsá-la de suas terras.

A partir de 2005, começa a haver feridos e mortos nas lutas, primeiro durante as ações de resistência à abertura da mina de ouro Marlin 1, no distrito de San Marcos. Ao final de 2006 ocorrem incidentes gravíssimos ao redor da mina de níquel de El Estor, em Izabal, uma região majoritariamente Q'eqchi. El Estor é um lugar emblemático: já em 1965, de modo a permitir que a mineira canadense Inco trabalhasse a céu aberto – o que era proibido pela Constituição – o governo havia dissolvido o Congresso e imposto um novo código de mineração. Ao instalar-se a primeira guerrilha do país nessa mesma zona, o governo tinha convocado o coronel Manuel Arana Osorio para "limpar" a região, missão que completou em 1966, eliminando milhares de camponesas e camponeses (entre 3000 e 6000), antes de se tornar presidente do país em 1970. Uma vez no poder, para abafar os protestos, Arana suspendeu as liberdades civis e mandou o exército contra a Universidad Nacional de San Carlos, sede da contestação. A repressão sangrenta perdura até 1982, ano em que a mineradora canadense Inco para de explorar a mina. Em 2004, logo depois de ter sido outorgada uma nova licitação a outra empresa canadense, a Skye Resources, o exército e os grupos paramilitares expulsam uma primeira parte da população local em novembro de 2006 e a restante, em janeiro de 2007. Centenas de casas são queimadas e onze mulheres Q'eqchi ousam denunciar estupros (Anistia Internacional, 2014).

Ao noroeste da capital, uma outra luta se inicia a partir de 2007 contra a abertura de uma gigantesca cimenteira: Cementos Progreso, destinada a alimentar a construção das estradas e barragens por vir. A consulta popular organizada por doze comunidades indígenas Kakchikel expressa uma recusa massiva ao projeto. Mais uma vez, os poderes públicos respondem com uma onda de encarceramentos, se desresponsabilizando dos assassinatos que encarregam a grupos paramilitares que eles mesmos deixam se desenvolver na região.

O extrativismo se intensifica consideravelmente a partir de 2008, sob a presidência do social-democrata Álvaro Colom[94]. Para quebrar a resistência das comunidades, seu governo decreta estado de urgência repetidamente em 2008 e 2009. Em 2010, diversas comunidades do distrito de Huehuetenango – incluindo aquela de Barillas, onde nada menos do que nove massacres foram perpetrados durante a guerra (Grandjean, 2013) – protestam contra o início dos trabalhos da estrada que deve atravessar a FTN. Paralelamente, a infiltração de grupos paramilitares narcos mexicanos – em particular os Zetas, a quem é atribuído o massacre de vinte e dois camponeses em maio de 2011 – leva Colom a impor um mês de estado de sítio na região do Petén, fronteiriça ao México.

O ano de 2012 é um dos mais agitados: em março, populações mestiças e indígenas Kakchikel ocupam pacificamente o povoado chamado de La Puya, a quarenta quilômetros a noroeste da capital. Em abril, em Xalalá, Ixcán (Quiché), quatrocentas pessoas que se opunham ao projeto hidrelétrico da empresa Santa Rita são desalojadas[95]. Ao início de maio, a população de

---

94 Em janeiro de 2014 contaram-se 100 permissões para a exploração de minerais metálicos já em vigor e 355 novas demandas (Anistia Internacional, 2014).
95 Decidida no quadro do Plano Puebla Panamá, a barragem implica o desa-

Barillas se levanta contra o projeto de barragem da empresa espanhola Hidro Santa Cruz, logo em seguida ao assassinato de um dirigente da comunidade por dois agentes de segurança da empresa. Imediatamente, o governo decreta estado de sítio e envia o exército. A população, majoritariamente Q'anjob'al, revive com terror a presença militar, fugindo para as montanhas. Doze pessoas finalmente serão presas e acusadas de "terrorismo". Confrontos muito tensos acontecem em maio em La Puya: após semanas de resistência pacífica da população, o governo envia quatrocentos elementos da polícia nacional, escoltados por um destacamento de tropas de choque, para abrir passagem para as máquinas da empresa. Diante da determinação da população, as tropas são obrigadas a se retirar, mas, no mês seguinte, Yolanda Oqueli, uma das porta-vozes do movimento, é ferida de bala por desconhecidos. Em outubro, enfim, em Totonicapán, embates entre a polícia militar e manifestantes Quiché e Kakchikel, que bloqueiam a estrada em protesto, entre outras coisas, contra o preço da eletricidade, causam sete mortes e cerca de quarenta feridos: trata-se de uma das intervenções repressivas mais sangrentas desde o fim da guerra.

Em 2013, a escalada repressiva prossegue. Em janeiro, o sítio de uma futura mina de prata em San Rafael las Flores, a noventa quilômetros da capital, é atacado anonimamente, causando três mortes, sendo duas delas de guardas de segurança. Em abril, os guardas de segurança da transnacional canadá-estadunidense, que se tornou concessionária da mina, feriram seis manifestantes. No início de maio, o governo decreta estado de urgência, despachando três mil e quinhentos policiais e soldados (Anistia Internacional, 2014). Em setembro de 2014, o governo impôs o estado de sítio em San Juan Sacatepequez, desta vez para prote-

lojamento de doze comunidades Maia Q'eqchi.

ger a construção da usina de Cementos Progreso. Em outubro de 2014, mulheres Kakchikel demandam o fim do estado de exceção, denunciando abusos sexuais sofridos de parte da polícia e do exército, ao que se segue a prisão... de Bárbara Díaz Surín, dirigente comunitária.

Como se vê, as continuidades com o período de guerra são evidentes. As violências ligadas ao extrativismo frequentemente acontecem nos mesmos povos onde foram cometidos massacres, e se produzem diretamente sobre aquelas pessoas que sobreviveram ao genocídio. São exercidas pelos mesmos atores (polícia, exército, serviços de segurança empresariais), que atuam em concerto com o tanto de autonomia da qual gozavam durante a guerra, e com o mesmo objetivo: intimidar a população e evacuar as zonas de interesse. E novamente, juntam-se às brutais técnicas de intimidação, violências sexuais especificamente dirigidas contra as mulheres, as quais participam ativamente em todas as lutas.

Diversidade das estratégias feministas: da via jurídica ao feminismo comunitário

Nesse contexto, compreende-se que a violência esteja no centro das reflexões e das práticas feministas. Quatro grandes estratégias aparecem, que não são exclusivas entre si: a denúncia das violências de guerra frente a justiça, algo que tem repercussões diretas sobre a vida política do país; umas práticas mais locais de construção da memória; a via da reforma legislativa para obter a condenação dos feminicídios e; enfim, a proposição teórica e prática do feminismo comunitário.

Seguindo à separação dos diferentes coletivos que compunham Actoras[96], em 2008, as advogadas Lucía Morán e Paula Barrios formam o grupo Mujeres Transformando el Mundo (MTM). De início, o MTM se posiciona no terreno do direito, incluindo o direito internacional. Em 2010, na Universidade de São Carlos, após haver constituído, um ano antes, a Aliança "Rompamos o silêncio e a impunidade", com a ECAP (Equipe de estudos comunitários e ação psicossocial) e a UNAMG (União nacional de mulheres guatemaltecas), o MTM coorganiza um "tribunal de consciência[97]" sobre a violência sexual durante o conflito (Alvarado & Caxaj, 2012). Nesta ocasião, o grupo esboça sua estratégia e decide prestar uma denúncia coletiva perante a Corte Interamericana de Direitos Humanos (CIDH), trabalhando em base a alguns casos que consideram como emblemáticos, como o sequestro e estupro repetido de quinze mulheres Maia Q'eqchi, em 1982, na base militar de Sepur Zarco (distrito de Izabal), por soldados que também haviam assassinado seus cônjuges. Em 2012, o MTM levou o caso aos tribunais nacionais, acusando formalmente dois homens. Por muito tempo adiado por motivos políticos[98], o processo é enfim julgado em março de 2016, obtendo uma sentença histórica: os dois acusados são condenados a trezentos e sessenta anos de prisão.

De seu lado, fiéis a uma concepção da justiça que privilegia a (re)construção da memória por meio da visibilização das violências sexuais durante a guerra, as ativistas que permaneceram

---

96 Após recusar um convite insistente para se integrar à UNAMG, a Actoras se divide em 2008.

97 Baseado, entre outros, no modelo do Tribunal Internacional dos Crimes contra as Mulheres, reunido em Bruxelas em 1976.

98 O general Otto Pérez Molina, ex-responsável militar no triângulo Ixil (Quiché), onde se deram as piores exações, e sustentáculo do golpe de Estado de Ríos Montt durante a guerra, chega à presidência em janeiro de 2012, permanecendo na função até setembro de 2015.

na Actoras organizam o festival "Mulheres e guerra: eu sobrevivi, estou aqui e estou viva", em 25 de novembro de 2008 em Huehuetenango. Em novembro do ano seguinte, elas publicam *Tejidos que lleva el alma*, um relatório que sintetiza seus longos anos de trabalho pela visibilização das violências sexuais, analisando em profundidade seus impactos sobre as sobreviventes destes crimes de lesa-humanidade. Em 2011, realizam um segundo festival no departamento de Chimaltenango. À medida que a mobilização contra o extrativismo cresce, as ativistas fortalecem as alianças com grupos de mulheres locais e com feministas indígenas. Assim, participam ativamente contra o projeto de barragem em Barillas[99], quando o estado de sítio é decretado, no início de maio de 2012. Em setembro do mesmo ano, o "Festival pela vida, corpo e território das mulheres", organizado junto a grupos de mulheres de diversas regiões do país, consegue reunir cerca de duzentos participantes.

Simultaneamente, muitas feministas se alarmam com o aumento dos feminicídios. Efetivamente, os assassinatos de mulheres estão em aumento: somente para o ano de 2006, a polícia reconhece oficialmente 603 casos. Apoiadas em análises jurídicas desenvolvidas pelo CLADEM (Comitê Latino-Americano e do Caribe para a defesa dos direitos das mulheres), assim como sobre uma recente resolução do Parlamento Europeu condenando os assassinatos de mulheres no México e na América Central, em 2008 o movimento de mulheres consegue a aprovação de uma lei que qualifica o feminicídio como um crime. A Guatemala se torna, assim, o segundo país da América Latina, após a Costa Rica em 2007, a promover essa evolução do direito. Infelizmente, tal progresso legal não basta para mudar o

---

99 Onde foram iniciados, em 2010, trabalhos amplamente contestados para a construção da estrada que devem atravessar a FTN.

curso das coisas: em 2009, o número de assassinatos se eleva a 847, e em 2010, a mais de um milhar. Além disso, a falência do sistema policial e jurídico do país torna o acesso à justiça extremamente problemático.

Finalmente, é á população Xinca, uma população indígena não maia, muito unida em torno à defesa do seu território na serra de Xalapán[100], que devemos a corrente do feminismo comunitário. Advindo do mundo rural e lutando pela própria autonomia, em ressonância com a crítica de outros coletivos de mulheres de diferentes populações maia, há anos, do papel despolitizante da cooperação internacional, o feminismo comunitário é, sem dúvida, uma das expressões mais ricas e inovadoras do feminismo latino-americano, do movimento indígena e das lutas ambientais. Aparece em 2003, no povoado de Izotes, ao sudeste do país, pela iniciativa de mulheres Xinca que começam a lutar por diferentes questões de direitos humanos (Falquet, 2015b). Sua associação, Amismaxaj (Associação de mulheres indígenas de Santa María de Xalapán), atacada pelo partido no poder, por evangelistas e até mesmo por uma fração das autoridades indígenas tradicionais, rapidamente passa a integrar a aliança política Sector de Mujeres. Confortadas por este apoio, as mulheres da Amismaxaj empreendem primeiro um trabalho paciente de consolidação interna. A partir de 2005, elas participam da revitalização da identidade étnica de seu povo, se dedicando à defesa do território ancestral contra os grandes proprietários de terra, as culturas OGM e o extrativismo minero transnacional. Simultaneamente, combatem frontalmente os feminicídios e a violência sexual cometida contra meninas em suas comunidades indígenas nas montanhas. É a partir dessa dupla experiência de defesa do corpo como seu primeiro terri-

---

100 Ao sul e sudeste do país, nos distritos de Jalapa, Jutiapa e Santa Rosa.

tório, e de defesa do território comunitário, que essas mulheres começam a forjar o conceito de território-corpo. Utilizado pela primeira vez, em 2007, como um slogan contra as transnacionais mineradoras, o lema rapidamente se torna um enunciado central de seu feminismo, que tem como objetivo "a recuperação e a defesa do território-corpo e do território-Terra". Em 2010, decidem finalmente nomear-se "feministas comunitárias".

Ainda em 2010, em dezembro, Lorena Cabnal, uma das fundadoras da Amismaxaj, participa de um diálogo entre feministas[101] em que descobre o feminismo comunitário boliviano desenvolvido pelo grupo Comunidad Mujeres Creando. Sua principal teórica, indígena Aymara e ativista lésbico-feminista, Julieta Paredes[102] (2010), critica sem rodeios o racismo branco e mestiço, mas também a idealização das culturas pré-hispânicas e o "fundamentalismo étnico"[103]. Segundo ela, a colonização não tanto impôs um patriarcado onde não existia, mas selou uma aliança, o *entronque patriarcal*, com aquilo que ela nomeia *patriarcado pré-hispânico*. As feministas comunitárias guatemaltecas, que haviam igualmente identificado este processo, e falavam de "reconfiguração dos patriarcados", adotam estes novos conceitos.

Ainda que tenham se desenvolvido independentemente uma da outra, estas duas expressões do "feminismo comunitário" se assemelham bastante. Na definição que de ele da, a Amisma-

---

101 Convidada pelas Lesbiradas em seguida ao VIII Encontro Lésbico Feminista Continental, que nesse momento se acaba de dar em Cidade da Guatemala e que debateu, entre outros assuntos, a militarização e o extrativismo.
102 Trata-se de uma das fundadoras do célebre grupo Mujeres Creando, que se separou em 2002. Nos últimos anos, Julieta Paredes tem sido acusada por várias ex-companheiras suas de ter cometido graves violências contra elas. Precisamos analisar e lutar contra a violência entre lésbicas também.
Sobre as integrantes do "feminismo autônomo" do subcontinente, e sua história ao longo de vinte anos, pode ser ver Falquet, 2011.
103 Felipe Quispe seria um dos líderes que desenvolve esta corrente na Bolívia.

xaj, por exemplo, precisa que se trata de "uma transgressão que parte de um olhar crítico sobre a identidade étnica essencialista para construir uma identidade política que nos permita, a partir daquilo que sentimos, enquanto mulheres originárias, questionar nossas lógicas culturais de opressão histórica, advindas de um *patriarcado ancestral originário* que se refuncionalizou com a penetração do *patriarcado colonizador*[104].

Aparecendo o extrativismo claramente como um dos últimos avatares deste patriarcado colonizador, assim como uma ameaça imediata, Amismaxaj leva acabo lutas pela defesa do território onde seja possível – da denúncia pública das formas de opressão histórica e estrutural das mulheres originarias (violência sexual, tráfico, empobrecimento), à defesa do território-Terra usurpado pelos grandes proprietários e pelas transnacionais mineradoras com a cumplicidade dos partidos políticos. Para isso, a associação fez o seu o slogan anti-extrativista de "defesa do território-Terra". Mas como explica Lorena Cabnal,

> "Defender a Terra, caso encontremos nesta terra crianças e mulheres violentadas, seria uma incoerência cosmogônica. [O feminismo comunitário] aparece num conjunto de manifestações do movimento indígena, do movimento social, do movimento feminista. Queríamos que a denúncia feita pelas mulheres e pelas feministas da violência contra as mulheres deixasse de ser adiada para mais tarde, assim como recusávamos a invisibilização da defesa da Terra em nossas lutas feministas. Defender a Terra, sim, mas não somente. Nem o socialismo, nem o feminismo serão emancipadores se não vincularem o corpo com a Terra. Pouco a pouco, essa palavra de

---

104 Citação extraída da apresentação do grupo em espanhol, disponível em <amismaxaj.blogspot.com>.

ordem se tornou central em [nossas] reflexões. Efetivamente, é sobre o corpo das mulheres que todas as opressões têm sido construídas. Existe uma disputa territorial ao redor dos corpos das mulheres, e as mulheres indígenas têm sido expropriadas de seus corpos" (Cabnal entrevistada por Falquet, 2015).

É por isso que, ao tempo que participa diretamente nas lutas, a Amismaxaj acompanha as vítimas da repressão durante todo o tempo necessário, especialmente as mulheres (dando apoio material e jurídico, denunciando as violências, particularmente as sexuais, organizando práticas de sanação). O feminismo comunitário se afirma, assim, como uma proposição epistemológica que, inicialmente enunciada pelas mulheres Xinca, visa "a liberação das opressões históricas estruturais a partir de nosso primeiro território de recuperação e defesa, que é o corpo, e a partir de nosso território terra" (Cabnal entrevistada por Falquet, 2015).

Dando ao corpo uma importância primordial, principalmente ao corpo das mulheres indígenas, e considerando-o objeto de todas as violências e ao mesmo tempo, sujeito individual e coletivo, assim como primeira fonte material e espiritual de resistência, o feminismo comunitário abre possibilidades promissoras à reflexão e à ação. A partir de práticas concretas à confluência das lutas feministas e indígenas/antirracistas contra o extrativismo, o feminismo comunitário teoriza o elo entre as violências patriarcais, coloniais, racistas e capitalistas-neoliberais contra as mulheres indígenas 1) antes da colonização, 2) na época colonial, 3) nos processos contrarrevolucionários e 4) no projeto neoliberal. Além disso, propõe uma análise global que faz emergir as relações entre extrativismo, militarização, guerra e (re)colonização – inscrevendo a lógica neoliberal atual na longa história do uso patriarcal e racista da violência[105]. Neste sentido, o feminismo comunitário contribui, desde a base e desde as lutas mais concretas, para o desenvolvimento do feminismo decolonial do continente.

***

É, assim, graça a um paciente trabalho coletivo que um conjunto de mulheres – entre as quais algumas das que sofreram pessoalmente violências sexuais – recusando um estatuto de vítima, se impuseram como protagonistas de mudanças na Guatemala do pós-guerra. Suas ações transformaram profundamente o movimento de mulheres e feminista mestiço-urbano (fazendo com que abraçassem a problemática da sexualidade e da violência, mas também que se aproximassem das mulheres e feministas indígenas), assim como a corrente lésbica-feminista (composta por mestiças e indígenas), duas tendências que desenvolveram práticas e análises marcantes. Este movimento em ascensão pesou sobre a vida política nacional, assim como sobre a justiça em escala internacional, contribuindo para a condenação histórica de um antigo ditador em seu próprio país. Demonstrou que a violência contra as mulheres constituía um elemento chave da violência genocida. Este movimento também se implicou nas lutas contra o extrativismo transnacional e o processo de (re)colonização neoliberal. Ao fazê-lo, produziu, entre outras sob a forma de feminismo comunitário, importantes análises da violência patriarcal e racista, como instrumento histórico do sistema de colonização, teorizando a ideia do *Corpo-Território* das mulheres indígenas, ao lado do *Território-Terra*, como os dois pontos de partida de todas as resistências.

---

105 Fortemente marcada por estas reflexões, a ensaísta mestiça Tania Palencia Prado propôs o conceito de *ginocídio* para pensar esta história. Francisca Gómez, jornalista e ativista Quiché, também faz uso do termo.

Concernente à análise da violência propriamente dita, as lutas conduzidas na Guatemala des-particularizaram e historicizam as violências sexuais dos tempos de guerra, mas, também, jogaram luz sobre as violências dos tempos de paz, notadamente os feminicídios. Ao invés dos discursos dominantes, que apresentavam estas exações como excepcionais, anômicas ou ancoradas numa misoginia imemorial, as lutas revelaram a existência de um verdadeiro contínuo de violências contra as mulheres – indígenas, mas não só – antes e depois da guerra. Estas violências, que sustentam as lógicas coloniais de ontem e de hoje, têm uma característica instrumental: para diferentes atores (Estado, exército, multinacional, diferentes tipos de colonos), constituem diferentes instrumentos, ou armas, de uma muito duradoura guerra de baixa intensidade (baseada na utilização do terror contra a população civil), que visa, em particular, as mulheres indígenas. Longe de ter causas e consequências somente sexuais, a violência sexual é de fato associada a muitos outros tipos de violências que a análise deve, também, levar em conta, até porque seus objetivos, intimamente entrelaçados, servem a propósitos idênticos: traumatizar as mulheres e depois suas famílias e comunidades para assim expulsá-las de uma território dado que, com seus recursos, constitui em realidade o motivo da violência, o que procura-se apropriar; ao tempo que criar mão-de-obra "livre" (privada de recursos e de território), forçada a migrar para procurar trabalho nas plantações, nas zonas francas, no setor urbano informal, no trabalho doméstico e no trabalho sexual.

Para concluir, é preciso novamente dizer que esta mobilização contra estas diferentes violências não se deu no isolamento. Segundo as necessidades do momento, as mulheres, as feministas e as lésbicas da Guatemala escolheram se aliar a diferentes componentes do movimento misto pelos direitos humanos, com a Igreja, a esquerda, as ONG ou a cooperação internacional. Cultivaram e desenvolveram seus laços com diversas tendências feministas e lésbicas da América Latina – principalmente da América Central – e na Europa. Sobretudo, criaram convergências e cumplicidades com as posições de outras lésbicas e feministas decoloniais da região, em particular no caso do feminismo comunitário elaborado pelas indígenas Xinca na Guatemala, com as feministas Aymara da Bolívia, sem ter se concertado, mas segundo princípios e uma visão que têm bastante semelhanças. Ainda assim, é indubitavelmente a partir de suas próprias vivências e necessidades concretas que as mulheres, feministas e lésbicas guatemaltecas puderam transformar sua realidade cotidiana, assim como o sistema político nacional, ao mesmo tempo em que (re)politizaram a luta contra as violências contra às mulheres, inscrevendo-as numa análise global que leva em conta, simultaneamente, as lógicas sexistas, racistas e neoliberais-capitalistas dominantes. Assim, levaram a cabo uma luta muito sua e muito própria. Nascida de necessidades definidas por aquelas diretamente concernidas, essa luta se inspira numa visão de mundo que lhe é própria, dando cada vez mais proeminência às raízes indígenas das resistências. Definida segundo seus próprios termos e ritmos, esta luta propõe, concomitantemente, modos de ação e quadros de análise muito políticos, para evidenciar o contínuo das violências, e vincular esse contínuo das violências com a invasão colonial tanto como com o extrativismo neoliberal contemporâneo. Duras quanto sejam as condições, a resistência é, novamente, a ordem do dia, cento e trinta anos mais tarde.

Qhipnayra uñtasis sarnaqpxañani[106].

---

106 Este aforismo aymara, emprestado da obra de Silvia Rivera Cusicanqui (2016), pode ser traduzido aproximadamente por "É olhando atrás e adiante

Berta canta nas águas[107,108]

O sal sagrado das nossas lutas
Chuva nos campos de milho
Morangos espalhados por todas as mãos
Toda a vida, Berta, compañera.

O que saberá o assassino da luz da sua esperança?
O covarde não será capaz de olhar para a utopia, mesmo em
                                                               [palavras
Muitos séculos terão de pagar por esta morte
E oxalá que a água nas suas gargantas apodreça

Alto é o rio Gualcarque entre as montanhas
Ruge em fúria e prepara sua ameaça
Aqui viemos, doentes, chorosas, feridas
Lastimadas ante o inconcebível de suas flores murchadas
Viemos até seu leito,
Nós, tuas irmãs dobradas pela hora maldita.

Bertica nossa, Berta das águas
O ódio dos homens que tanto nos apontam os dedos

(o futuro-passado), que podemos avançar no presente-futuro".

107 "Canta Berta en las águas" foi escrito originalmente em espanhol pela poeta hondurenha Melissa Cardoza em memória à sua amiga, Berta Cacerres, assassinada em 3 de março de 2016. Em 2011, a autora publicou a compilação *13 colores de la resistência hondureña* (San José, Costa Rica: DEI), disponível em <libreroonline.com>.

108 Na versão original, o poema apresentava a tradução para o francês, de autoria de Jules Falquet. Aqui, apresentamos a versão traduzida para o português pela sobinfluencia (nota dos editores).

Não pode com tanta beleza, com tanta força e graça.
Por isso, matam. Por isso, matam. Por isso, matam.
Não sabem desta nossa vingança de sermos livres
E não trocar a rebeldia por nada.

Lágrimas ao rio
Muitas lágrimas
É hora da morte, do luto, da desventura
Fizemos mal em negar a pena e sua estocada
Invocamos o fogo, a terra, o lamento
Refresque, a água, este manto de tristeza... tamanha tristeza!

Não perdoamos nem esquecemos, Bertita
O amor, veja bem, é grande para maldizer o mal
Onde quer que se esconda
Não escutaremos o esquecimento ao qual nos chamam.
Damos as boas-vindas em seu nome,
A todas as mulheres abusadas
Aos corpos mutilados pela mesma mão dura
Que a vós assassinara.
Lavamos neste rio as feridas das que nos tomaram.

Que venham os hipócritas de sempre
Com seus papas, seus pastores e políticos
Seus brancos direitos humanos
E todos seus comparsas
Que façam seus monumentos de lixo
E mostrem os sorrisos ensaiados.

Nós, compita, oferecemos aqui nossa antiga raiva.
Aquela que temos abafado há séculos

Às vezes cheias de força, às vezes sangrando.
Nós faremos justiça à nós mesmas
Que sua marca seja deixada aqui
Que os lamentos do mundo nos acompanhem
De todas as línguas e aldeias remotas
Que puderem entender tua prosa libertária.

Que brinque o duende feliz
E que as meninas Lencas cantem alegres
Com seus corpos desnudos entre as águas
Não é por a inveja, a zombaria, a desgraça
Que há de levantar-se em cada arroio e riacho
A memória de seus passos

Desgraça é ter tanta luz
Em territórios povoados de avareza e trapaça
Nascer entre tanto rufião, a desgraça é essa.

Não miraremos de novo o fresco brotar de água em suas
[pupilas
Berta, irmã
Não encontraremos mais suas malas cheias de papéis
A chamada urgente, as tarefas, as longas horas de condução
[pela estrada

Agora as noites são longas, desde a terrível madrugada
Mas um dia encontraremos consolo, compita,
Para saber que isto da morte é pura papada
Que a nossa coisa é a vida sem permissões, sem negócios,
[sem mentiras.

Um dia nos juntaremos em algum lugar mágico,
Para começar de novo Bertica, por que estamos na merda
Nem que tivéssemos, ao invés de sangue, horchata.
Neste março de sangue, impunidade e lágrimas
Irmã de alma, deixe-nos cantar-lhe este canto lutuoso
Entre as pedras frescas do rio que amava
A mãe terra contigo em seu quente ventre
Quanto, e quão forte nos chama
Aqui estamos, seu povo, e a tarefa inconclusa
Aqui, e para todos os tempos, sua chamada viva.

Melissa Cardoza
Nefasto março deste triste 2016

Bibliografia

Aguilar, Yolanda & Fulchiron, Amandine. 2005. "El carácter sexual de la cultura de violencia contra las mujeres", *Las violencias en Guatemala. Algunas perspectivas.* UNESCO-FLACSO. Guatemala: Editores Ciencias Sociales.

Alvarado, Maya & Caxaj, Brisna (dir.). 2012. *Ni olvido, ni silencio. Tribunal de conciencia contra la violencia sexual hacia las mujeres durante el conflicto armado en Guatemala.* Guatemala & Bilbao, UNAMG & Universidad del País Vasco: Euskal Herriko Unibertsitatea.

Amnesty International. 2014. *Activités minières au Guatemala: les droits menacés.* [Online - acesso 20 agosto 2016.]

_____ 2004. *Vidas rotas. Crímenes contra las mujeres en situaciones de conflictos.* [Online - acesso 20 agosto 2016.]

Bandura, Albert. 1975. "Análisis del aprendizaje social de la agresión". In Ribes Iñesta, Emilio, & Bandura, Albert, *Modificación de la conducta: análisis de la agresión y de la delincuencia.* Mexico: Trillas.

Baró, Ignacio Martín. 1983. *Acción e ideología: psicología social desde Centro-América.* San Salvador: UCA.

_____. (dir.). 1990. *Psicología social de la guerra : trauma y terapia.* San Salvador: UCA.

Blais, Mélissa, & Dupuis-Déri, Francis (orgs.). 2008. *Le mouvement masculiniste au Québec. L'antiféminisme démasqué.* Montréal: Les Éditions du remue-ménage.

Calvo Ospina, Hernando. 2013. *A CIA e o terrorismo de estado.* Florianópolis: Editora Insular.

Calzolaio, Chiara. 2012. "Les féminicides de Ciudad Juárez: reconnaissance institutionnelle, enjeux politiques et moraux et prise en charge des victimes", *Problèmes d'Amérique latine*, 2, n° 84, pp. 61-76.

_____ No prelo. *Expériences et politiques de la violence au Mexique. Une ethnographie à Ciudad Juárez.* Tese de doutorado em Antropologia, École des Hautes Études en Sciences Sociales (EHESS), Paris.

Cañas, Mercedes. 1989. *Maltrato físico a la mujer salvadoreña.* Dissertação de Mestrado em sociologia. San Salvador: UCA.

Castillo, Carmen & Girard, Guy. 1994. *La Flaca Alejandra*, Documentário (59') produzido para INA/FR3/Channel 4.

Castillo Huertas, Ana Patricia. 2015. *Las mujeres y la tierra em Guatemala : entre el colonialismo y el mercado neoliberal*. Guatemala: Serviprensa. [Online – acessado em 20 de agosto de 2016.]

CEH (Comisión para el esclarecimiento histórico). 1999. *Guatemala, memoria del silencio*. Guatemala, UNOPS. [Online – acesso em 20 de agosto de 2016.]

Cervera, Luis E. & Monárrez Fragoso, Julia Estela. 2010. *Sistema de información geográfica de la violencia en el municipio de Juárez, Chihuahua : georeferenciación y su comportamiento espacial en el contexto urbano y rural*. Ciudad Juárez: Conavim-Segob.

Chirix, García, Delfina, Emma & Grupo de Mujeres Mayas Kaqla. 2003. *Alas y Raíces. Afectividad de las mujeres mayas. Rik'in ruxik' y ruxe'il Ronojel kajowab'al ri mayab' taq ixoqi'*. Guatemala: Grupo de Mujeres Mayas Kaqla.

Cladem. 2007. "Monitoreo sobre feminicidio/femicidio en El Salvador, Guatemala, Honduras, Mexico, Nicaragua y Panamá". Documento disponível em <Cladem.org> ; [acessado em 17 de agosto de 2016].

Cockburn, Cynthia. 2015. *Des femmes contre le militarisme et la guerre*. Paris: La Dispute.

Collectif. 1993. *Afirmación y resistencia. El papel de la comunidad como apoyo*. Barcelone: Virus.

Colom, Yolanda. 1998. *Mujeres en la alborada*. Guatemala: Artemis y Editner.

Crenshaw, Kimberlé Williams. 2005 (1991). "Cartographies des marges : intersectionalité, politique de l'identité et violences contre les femmes de couleur". *Les Cahiers du Genre*, 2, n° 39 : *Féminisme(s). Recomposition et mutations*, pp. 51-82.

Cumes, Aura. 2014, *La "India " como "sirvienta": servidumbre doméstica, colonialismo y patriarcado en Guatemala*. Tese de doutorado em Antropologia. Mexico: CIESAS.

Cusicanqui, Silvia. 2016. *Sociología de la imágen. Miradas ch'ixi desde la historia andina*. Buenos Aires: Tinta Limón.

Dalla Costa, Maria Rosa & James, Selma. 1973 [1972]. *Le pouvoir des femmes et la subversion de la communauté*. Genebra: Librairie L'Adversaire.

Delphy, Christine. 1995. "L'état d'exception : la dérogation au droit commun comme fondement de la sphère privée", *Nouvelles*

Questions féministes, 16, n° 4 : *Nations, nationalismes, privé et public*, pp. 21-32.

Deneault, Alain, Abadie, Delphine & Sacher, William. 2008. *Noir Canada. Pillage, corruption et criminalité en Afrique.* Montréal: Écosociété.

Devineau, Julie. 2013. "Histoire récente des cartels mexicains, 1996-2012". Relatório para o Conselho Superior de Formação e Pesquisa Estratégica, projeto VIVEMEX.

_____. 2012. "Autour du concept de fémicide/féminicide: entretiens avec Marcela Lagarde et Montserrat Sagot", *Problèmes d'Amérique latine*, 2, n° 84, pp. 77-91.

Devreux, Anne-Marie. 1997. "Des appelés, des armes et des femmes : l'apprentissage de la domination masculine à l'armée", *Nouvelles Questions féministes*, 18, n° 3-4 : *Violences contre les femmes. Les stratégies des hommes*, pp. 49-78.

Dobles Oropeza, Ignacio. 1990. "Apuntes sobre psicología de la Tortura", In. Martín Baró, Ignacio (dir.), *Psicología social de la guerra : trauma y terapia.* San Salvador: UCA.

Dussy, Dorothée. 2013. *Le berceau des dominations. Anthropologie de l'inceste. Livre 1.* Marseille: La Discussion.

Ecap-Unamg. 2009. *Tejidos que lleva el alma. Memoria de las mujeres mayas sobrevivientes de la violación sexual durante al conflicto armado.* Coordinado por Amandine Fulchiron, Angélica López & Olga Alicia Paz. Guatemala: F&G Editores. [Online – acesso 20 de agosto de 2016].

Ezekiel, Judith. 1996. "Anti-féminisme et anti-américanisme: un mariage politiquement réussi". *Nouvelles Questions féministes*, 17, n° 1 : *France Amérique*, pp. 59-76.

Falla-Sánchez, Ricardo. 1992. *Masacres de la selva : Ixcán, Guatemala, 1975-1982.* Guatemala: Editorial Universitaria.

Falquet, Jules. 2016a. "La "Nuit du 31 décembre 2015" em Allemagne et ses effets en France: diviser les opprimé-e-s, tant qu'illes se laissent faire", *Mouvements*. [Online - acesso em 17 de agosto de 2016.]

_____. 2016b. "La combinatoire straight". *Les Cahiers du Genre*, hors série : *Analyse critique et féminismes matérialistes*, pp. 73-96.

_____. 2015a. "Le capitalisme néolibéral, allié des femmes? Perspectives féministes matérialistes et imbricationnistes". In Christine Verschuur, Hélène Guétat & Isabelle Guérin (dir.), *Sous le développement, le genre/ Under development, gender*, Paris: IRD, pp. 365-387.

_____. 2015b. "Corps-territoire et territoire-Terre : le féminisme communautaire au Guatemala. Entretien avec Lorena Cabnal". *Les Cahiers du Genre*, n° 59 : *Genre et environnement. Nouvelles menaces, nouvelles analyses au Nord et au Sud*, pp. 73-89.

_____. 2012a. « DSK ou le continuum entre les violences masculines et les violences néolibérales ». *Nouvelles Questions féministes*, 31, n° 1 : *Homophobie*, pp. 80-87.

_____. 2012b. « Femmes et féministes contre la violence masculine, néolibérale et guerrière au Mexique ». In Gaudichaud, Franck. *Amérique latine : émancipations en construction*. Paris: Syllepse.

_____. 2011. "'Féministes autonomes' latino-américaines et caribéennes: vingt ans de critiques de la coopération au développement". *Recherches féministes*, 24, n° 2, pp. 39-58.

_____. 2010. "L'État néolibéral et les femmes. Le cas du 'bon élève' Mexicain". In Falquet, Jules, *et al.* (dir.), *Le sexe de la mondialisation. Genre, classe, race et nouvelle division du travail*; Paris: Les Presses de Sciences Po, pp. 229-242.

_____. 2009. "Rompre le tabou de l'hétérosexualité, en finir avec la différence des sexes : les apports du lesbianisme comme mouvement social et théorie politique". In Chartrain, Cécile & Chetcuti, Natacha (dir.), *Genre, sexualité & société*, n° 1: *Lesbianisme*. [Online – acessado em 20 de agosto de 2016].

_____. 2008. *De gré ou de force. Les femmes dans la mondialisation*. Paris: La Dispute.

_____. 2006. "Le Combahee River Collective, pionnier du féminisme Noir. Contextualisation d'une pensée radicale". *Cahiers du CEDREF*, 14 : *(Ré)articulation des rapports sociaux de sexe, classe et « race ». Repères historiques et contemporains*, pp. 69-104.

_____. 2001. "Première rencontre méso-américaine d'études de genre. Antigua, Guatemala, 28-31 août 2001". *Les Cahiers du Genre*, 2, n° 31 : *Vieillir jeunes, actifs et disponibles ?* pp. 269-270.

_____. 1999. "La coutume mise à mal par ses gardiennes mêmes: revendications des Indiennes zapatistes". *Nouvelles Questions féministes*, 20, n° 2 : *La maternité hier et aujourd'hui*, pp. 87-114.

_____. 1997. *Femmes, projets révolutionnaires, guerre et démocratisation: l'apparition du mouvement des femmes et du féminisme au Salvador (1970-1994)*. Tese de Doutorado. Université Paris 3.

Falquet, Jules & González, Olga. 2010. "Compte rendu de l'ouvrage de Victoria Sanford: *Guatemala : del genocidio al feminicidio, Cuadernos del presente imperfecto*". [Online <afhec-historia-centroamericana.org> ; acesso em 25 de agosto de 2016.]

Federici, Silvia. 2016 [1975]. "Un salaire pour le travail ménager". *Point zéro: propagation de la révolution*. Donnemarie-Dontilly: Éditions iXe, pp. 27-38.
_____. 2014 [2004]. *Caliban et la sorcière. Femmes, corps et accumulation primitive*. Genève & Marseille: Entremonde & Senonevero.
Foucault, Michel. 2004. *Naissance de la biopolitique, Cours au collège de France 1978-1979*. Paris: Gallimard et Le Seuil.
Fregoso, Rosa-Linda & Berejano, Cynthia (dir.). 2010. *Terrorizing women. Feminicide in the Americas*. Durham: Duke University Press.
Fusco, Coco. 2010 [2008]. *Petit manuel de torture à l'usage des femmes-soldats*. Paris: Les Prairies ordinaires.
Galerand, Elsa. 2006. "Retour sur la genèse de la Marche mondiale des femmes (1995-2001). Rapports sociaux de sexe et contradictions entre femmes". *Les Cahiers du Genre*, n° 40: *Travail et mondialisation. Confrontations Nord/Sud*, pp. 163-181.
Garaízabal, Cristina & Vásquez, Norma. 1994. *El dolor invisible de la guerra. Una experiencia de grupos de autoapoyo con mujeres salvadoreñas*. Madrid: Talasa, "Hablan las mujeres".
Garay Zarraga, Ane. 2014. *La minería transnacional em CentroAmérica: lógicas regionales e impactos transfronterizos. El caso de la minería de Cerro Blanco*. Informe OMAL (Observatorio de multinacionales en América Latina: Madrid & Bilbao). [Online – acessado em 17 de agosto de 2016.]
Gargallo Francesca. 2012. *Feminismos desde Abya Yala. Ideas y proposiciones de las mujeres de 607 pueblos en nuestra América*. Mexico: Editorial Corte y Confección.
Godelier, Maurice. 1982. *La production des Grands Hommes: pouvoir et domination masculine chez les Baruya de Nouvelle-Guinée*. Paris: Fayard.
Gómez, Francisca. 2013. "Ginocidio en Guatemala". [Online em <Notícias comunicarte> ; acesso em 17 de agosto de 2016.]
González Rodríguez, Sergio. 2002. *Huesos en el desierto*. Barcelona: Anagrama.
Grandjean, Amandine. 2013. "La résistance pacifique contre l'entreprise espagnole Hidro Santa Cruz s'intensifie à Barillas un an après l'état de siège". [Online – acesso em 17 de agosto de 2016.]
Grupo de mujeres mayas Kaqla. 2010. *Rub'eyal Qik'aselmal. Caminos para la plenitud de las mujeres mayas y nuestros pueblos. Propuesta metodológica a partir de la experiencia de las mujeres mayas de Kaqla*. Guatemala: Mujeres Mayas Kaqla.

_____. 2004. *La palabra y el sentir de las mujeres mayas de Kaqla*. Guatemala: Mujeres Mayas Kaqla.
Guillaumin, Colette. 2016 [1978]). "Pratique du pouvoir et idée de nature". *Sexe, race et pratique du pouvoir. L'idée de Nature*. Donnemarie-Dontilly: Éditions iXe.
_____. 2014. "Prática do poder e ideia da natureza". In. V. Ferreira et al. (orgs.). *O Patriarcado desvendado: teoria de três feministas materialistas*. Recife: SOS Corpo.
2014. "Prática do poder e ideia da natureza". In. V. Ferreira et al. (orgs.). *O Patriarcado desvendado: teoria de três feministas materialistas*. Recife: SOS Corpo.
Hanmer, Jalna. 1977. "Violence et contrôle social des femmes". *Questions féministes*, n° 1, pp. 69-90.
Hernández Alarcón, Rosalinda, *et al*. 2008. *Memorias rebeldes contra el olvido : experiencias de 28 mujeres combatientes del área Ixil / Paasantzila Txumb'al Ti' Sotzeb'al K'ul*. Guatemala: Magna Terra Editores.
Horton, Lydia. 1976. "Le tribunal international des crimes contre les femmes", *Les Cahiers du GRIF*, 14, n° 1 : *Violence*, pp. 83-86. [Disponível online no portal <Persée> ; acessado em 22 de agosto de 2016].
Juteau, Danielle & Laurin, Nicole. 1988. "L'évolution des formes de l'appropriation des femmes: des religieuses aux 'mères porteuses'". *Revue canadienne de Sociologie et d'Anthropologie*, 25, n° 2, pp. 183-207.
Kelly, Liz. 2000. "Wars against women : Sexual violence, sexual politics and the militarized State". In Jacobs, Suzy, Jacobson, Ruth & Marchbank, Jennifer, *States of conflict : Gender, violence and resistance*, Londres & New York: Zed Books, pp. 45-63.
_____. 1988. *Surviving sexual violence*. Cambridge: Polity Press.
Labrecque, Marie-France. 2012. *Féminicides et impunité. Le cas de Ciudad Juárez*. Montréal: Écosociété.
Lacombe, Delphine. 2014. "Compte rendu du livre de Marie-France Labrecque, *Féminicides et impunité. Le cas de Ciudad Juárez*". *Problèmes d'Amérique latine*, 2, n° 90, pp. 169-173.
_____. 2012. "Visibilité et occultation des violences masculines envers les femmes au Nicaragua (1979-1996)". *Problèmes d'Amérique Latine*, 2, n° 84, pp. 13-39.
Lagarde, Marcela. 2006. "Presentación". *Violencia feminicida en 10 entidades de la Republicana mexicana*. Congreso de la Unión,

Cámara de Diputados, Mexico DF, pp. 37-63. [Online – acessado em 17 de agosto de 2016].
Lasso Tiscareño, Rigoberto. 2005. "Inercias y Cambios en la cultura de Ciudad Juárez". In Victor Orozco (dir.), *Chihuahua hoy 2005*. Ciudad Juárez: Instituto Chihuahuense de la cultura.
Lira, Elizabeth & Weinstein, Eugenia. 1990. "La tortura. Conceptualización psicológica y proceso terapéutico". In Martín Baró, Ignacio (dir.), *Psicología social de la guerra : trauma y terapia*, San Salvador: UCA.
López García, Julián, Bastos, Santiago & Camus, Manuela. 2010. *Guatemala, violencia desbordada*. Córdoba: Universidad de Córdoba, Servicio de Publicaciones.
Mac Kinnon, Catharine. 1994 [1990]. "À propos de la torture une perspective féministe sur les 'droits de l'homme'". *Projets féministes*, n° 3 : *Droits, culture, pouvoirs*, pp. 3-16.
Masson, Sabine. 2002. "La lutte des femmes indiennes em exil et de retour au Guatemala en 'post-guerre' : entretien avec Manuela et Gabriela, militantes de l'organisation Mama Maquin". *Nouvelles Questions féministes*, 21, n° 2 : *Garde parentale. Prostitution*, pp. 106-125.
Mathieu, Nicole-Claude. 2013a [1985]. "Quand céder n'est pas consentir. Des déterminants matériels et psychiques de la conscience dominée des femmes, et de quelques-unes de leurs interprétations en ethnologie". In *L'anatomie politique*. Donnemarie: Éditions iXe, pp. 121-208.
_____. 2013b [1989]. "Identité sexuelle/sexuée/de sexe? Trois modes de conceptualisation du rapport entre sexe et genre". In *L'anatomie politique*. Donnemarie: Éditions iXe, pp. 209-245.
Maugin Pellaumail, Marcelle. 1979. *Le masochisme dit féminin*. Paris: Stanké.
Mbembe, Achille. 2006. "Nécropolitique". *Raisons politiques*, 1, n° 21, pp. 29-60.
Michel, Andrée. 2012. *Féminisme et antimilitarisme*. Donnemarie: Éditions iXe.
Mies, Maria. 1986. *Patriarchy and accumulation on a world scale*. Londres: Zed Books.
Minano, Leila & Pascual, Julia (orgs.). 2014. *La guerre invisible. Révélations sur les violences sexuelles dans l'armée française*. Paris: Les Arènes et Causette.
Monárrez Fragoso, Julia Estela. 2011. "El continuo de la lucha del feminismo contra la violencia o morir en un espacio globalizado

transfronterizo : teoría y práctica del movimiento anti-feminicida en Ciudad Juárez". In Huacuz Elías & María Guadalupe (orgs.). *La bifurcación del caos. Reflexiones interdisciplinarias sobre violencia falocéntrica*. Itaca: UAM-Xochimilco, pp. 109-134.

_____. 2006a. "Las víctimas del feminicidio juarense: mercancías sexualmente fetichizadas". *Fermentum. Revista Venezolana de Sociología y Antropología*, 16, n° 46, pp. 429-445. [Online; acesso em 17 de agosto de 2016.]

_____. 2006b. « Las diversas representaciones del feminicidio y los asesinatos de mujeres en Ciudad Juárez, 1993-2005 ». In Colegio de la Frontera Norte, *Sistema socioeconómico y geo-referencial sobre la violencia de género en Ciudad Juárez, Chihuahua : propuesta para su prevención*. Ciudad Juárez: El Colegio de la Frontera Norte, p. 353-398. [Online; acesso em 17 de agosto de 2016.]

_____. 2005. *Feminicidio sexual sistémico: víctimas y familiares, Ciudad Juárez, 1993-2004*. Tese de doutorado em Ciências Sociais, estudos de gênero. Itaca: UAM, Unidad Xochimilco.

Montes, Laura. 2006. *La violencia sexual contra las mujeres en el conflicto armado: un crimen silenciado*. Guatemala: Centro para la Acción legal en derechos humanos.

Noizet, Pascale. 1996. *L'idée moderne d'amour. Entre sexe et genre : vers une théorie du sexologème*. Paris: Kimé.

Olivera, Mercedes (org.). 2008. *Violencia feminicida en Chiapas. Razones visibles y ocultas de nuestras luchas, resistencias y rebeldías*. San Cristobal de Las Casas: Unicach.

Ortega Gaytán, Jorge Antonio. 2003. *Los Kaibiles*. Guatemala: Centro Editorial y de Documentación para la historia militar.

Palencia Prado, Tania. 2013. *Ginocidio contra mujeres indígenas*. Guatemala, Actalianza.

Paredes, Julieta. 2010. *Hilando fino desde el feminismo comunitario*. La Paz: Comunidad Mujeres Creando Comunidad. [Online - acesso em 17 de agosto de 2016.]

Pateman, Carole. 2010 [1988]. *Le contrat sexuel*. Paris: La Découverte.

Payeras, Mario. 1981. *Los días de la Selva. Relatos sobre la implantación de las guerrillas populares en el Norte del Quiché, 1972-1976*. Havana: Casa de las Américas.

Radford, Jill & Russell, Diana (orgs.). 1992. *Femicide : The politics of woman killing*. New York & Buckingham (G.-B.): Twayne Publishers & Open University Press.

Ravela Blancas, Patricia & Domínguez Ruvalcaba, Hector. 2003. "La batalla de las cruces. Los crímenes contra las mujeres en la frontera y sus interpretaciones". *Desacatos*, vol. 13, pp. 122-133.

REHMI. 1998. *Guatemala, nunca más. Informe del Proyecto interdiocesano de recuperación de la memoria histórica.* 4 vol. [Online - acesso em 17 de agosto de 2016.]

Robin, Marie-Monique. 2004. *Escadrons de la mort, l'école française.* Paris: La Découverte.

Romito, Patricia. 2006. *Un silence de mortes. La violence masculine occultée.* Paris: Syllepse.

Rosales Gramajo, Fernando Javier. 2008. "Feminicidio en Guatemala". *Revista regional de derechos humanos.* [Online - acesso em 16 de agosto de 2016.]

Ruiz, Miriam. 2003. "El feminicidio se agravó durante su gobierno en Chihuahua. Es Ciudad Juárez la piedra en el zapato de Francisco Barrio". *Cimacnoticias. Periodismo con perspectivo de género.* [Online - acesso em 17 de agosto de 2016.]

Sagot, Montserrat & Carcedo, Ana. 2002. *Femicidio en Costa Rica : 1990-1999.* San José: Instituto Nacional de las Mujeres, Organización Panamericana de la Salud.

Sanford, Victoria. 2008. *Guatemala : del genocidio al feminicidio.* Guatemala: F&G Editores, "Cuadernos del presente imperfecto".

Schmidt Camacho, Alicia. 2010. "Ciudadana X. Gender violence and the denationalization of women's rights in Ciudad Juárez, Mexico. In Rosa-Linda Fregoso & Cynthia Bejarano (orgs.). *Terrorizing women. Feminicide in the Americas.* Durham: Duke University Press, pp. 275-289.

Secretarià nacional de la Familia. 1992. *Adolecencia.* San Salvador: Unidad de Asistencia al Adolescente de la SNF, OPS, UNICEF.

Segato, Rita Laura. 2003a. *Territorio, soberanía y crímenes de Segundo Estado: la escritura en el cuerpo de las mujeres asesinadas en Ciudad Juárez.* Cidade do Mexico: Ediciones de la Universidad del Claustro de Sor Juana.

_____. 2003b. *Las estructuras elementales de la violencia.* Bernal: Universidad nacional de Quilmes.

Selek Pınar. 2014 [2008]. *Devenir homme en rampant. Service militaire en Turquie : construction de la classe de sexe dominante.* Paris: L'Harmattan, « Logiques Sociales ».

Serbin, Sylvia. 2004. *Reines d'Afrique et héroïnes de la diaspora noire.* Paris: Sepia.

Solano, Luis. 2012. *Contextualización histórica de la Franja Transversal del Norte*. Guatemala: CEDFOG. [Online - acessado em 17 de agosto de 2016.]
Stop Masculinisme. 2013. *Contre le masculinisme. Petit guide d'autodéfense intellectuelle*. Lyon: Bambule.
Ströbl, Ingrid. 1996 [1989]. *Partisanas. La mujer en la resistencia armada contra el fascismo y la ocupación alemana (1936-1945)*. Barcelona: Virus editorial.
Tabet, Paola. 2004. *La grande arnaque. Sexualité des femmes et échange économico-sexuel*. Paris: L'Harmattan, « Bibliothèque du féminisme ».
_____. 1998 [1979]. "Les mains, les outils, les armes". *La construction sociale de l'inégalité des sexes. Des outils et des corps*. Paris: L'Harmattan, « Bibliothèque du féminisme ».
Tristan, Flora. 1986 [1843]. *Union ouvrière*. Paris: Des femmes.
Valencia, Sayak. 2010. *Capitalismo gore*. Madrid: Melusina.
Triunfo, Elizalde & Muñoz, Alma. 1998. "Apatía y sexismo de autoridades en Chihuahua: CNDH". *La Jornada* (25 de maio). [Online - acessado em 20 de agosto de 2016.]
Viezzer, Moema. 1982. *Domitila: si on me donne la parole. La vie d'une femme de la mine bolivienne*. Paris: Maspéro.
Wagner, Regina. 1991. *Los Alemanes en Guatemala, 1828-1944*. Guatemala: Editorial IDEA.
Walkowitz, Judith R. 1982. "Jack the Ripper and the myth of male violence". *Feminist Studies*, 8, n° 3 (outono), pp. 543-574.
Washington Valdez, Diana, 2005. *Cosecha de mujeres. Safari en el desierto mexicano*. Cidade do México: Oceano.
Weissman, Deborah M. 2010. "Global economics and their progenies: theorizing feminicide in context". In Rosa-Linda Fregoso & Cynthia Bejarano (orgs.), *Terrorizing Women. Feminicide in the Americas*, Durham: Duke University Press, pp. 225-242.
Wittig, Monique. 2007 [1980]. "On ne naît pas femme ". In *La pensée straight*. Paris: Amsterdam.
_____. 1980. "La pensée straight". *Questions féministes*, n° 7, fevereiro de 1980, pp. 45-54.
Yoc Cosajay, Aura Marina. 2014. "Violencia sexual a mujeres indígenas durante el conflicto armado interno y el genocidio en Guatemala". *Caravelle*, 102, pp. 157-162. [Online - acesso em 17 de agosto de 2016.]

Coordenação editorial:
Fabiana Vieira Gibim, Rodrigo Corrêa,
Gustavo Racy e Alex Peguinelli

Tradução:
Gustavo Racy

Preparo:
Alex Peguinelli

Revisão:
Fabiana Vieira Gibim

Projeto gráfico:
Rodrigo Corrêa

Colagem da capa:
Fabiana Vieira Gibim

Dados Internacionais de Catalogação na Publicação (CIP) de acordo com ISBD

F196p   Falquet, Jules

Pax Neoliberalia: mulheres e a reorganização da violência neoliberal / Jules Falquet. - São Paulo : sobinfluencia edições, 2022.
180 p. : 14cmx 21cm.

Inclui bibliografia.
ISBN: 978-65-995017-4-6

1. Feminismo. 2. Política. 3. Feminismo decolonial. 4. Neoliberalismo. 5. Feminismo e marxismo. 6. Filosofia. 7. Sociologia. I. Titulo.

CDD 305.42
CDU 396:320

2022-21

Elaborado por Vagner Rodolfo da Silva - CRB-8/9410

Índice para catálogo sistemático:
1. Feminismo 305.42
2. Feminismo : Política 396:320

sobinfluencia.com

Este livro é composto pelas fontes minion pro e neue haas grotesk display pro e foi impresso pela BMF no papel pólen soft 80g, com uma tiragem de 1000 exemplares